U0905028

上海旅游

营销推广的转型升级

楼嘉军 主编

中国出版集团
東方出版中心

图书在版编目(CIP)数据

上海旅游：营销推广的转型升级/楼嘉军主编．—上海：东方出版中心，2019.9
ISBN 978-7-5473-1509-5

Ⅰ．①上… Ⅱ．①楼… Ⅲ．①地方旅游业-旅游市场-市场营销-研究-上海 Ⅳ．①F592.751

中国版本图书馆CIP数据核字(2019)第145497号

上海旅游：营销推广的转型升级

主　　编：楼嘉军

图片提供：DP红砖文化、上海文化和旅游资源库、豫园商城

出版发行：东方出版中心

地　　址：上海市仙霞路345号

电　　话：(021)62417400

邮政编码：200336

印　　刷：上海万卷印刷股份有限公司

开　　本：710 mm×1000 mm　1/16

字　　数：187千字

印　　张：14.75

版　　次：2019年9月第1版第1次印刷

ISBN 978-7-5473-1509-5

定　　价：45.00元

前　言

经历了改革开放40余年的发展，上海旅游业取得了长足的进步。自20世纪90年代中晚期上海市委市政府明确提出发展都市旅游的战略以后，在上海旅游主管部门多任领导的直接领导以及相关部门的积极参与下，上海在对外宣传推广与市场营销过程中，立足实际，勇于探索，不断推陈出新，努力促进旅游宣传与市场营销工作的转型升级，并取得了明显的效果。

第一，实现了从单一的旅游节庆活动推广到综合的旅游节事营销的转型。以上海旅游节为例，这是一个已经举办了近30年的大型旅游节庆活动，也是国内省市层面历时最悠久、影响最大的旅游节庆活动之一。上海旅游节从一个区级层面的旅游节逐步升格为市级层面的旅游节，从一个最初只是面向游客的旅游节渐渐过渡到本地市民与外来游客兼顾的旅游节，从一个原本单纯的旅游节慢慢演变为“旅游节庆+特殊事件”相结合的综合性的旅游节事，上海旅游节的市场宣传也逐步完成了由节庆推广到节事营销的艰难转型。

第二，实现了从立足本地的旅游推广到着眼全局的旅游营销的转型。上海旅游主管部门积极利用2010年上海举办第41届世博会的有利契机，借助世博会的溢出效应，通过世博旅游主题和江苏、浙江地区旅游主题的对接与串联，打造覆盖长三角地区的世博旅游线路，从而突破传统的旅游市场推介的区域束缚，实现了长三角旅游市场整体营销与共同推广的发展目标。在此基础上，近年来，上海旅游主管部门又持续采取一系列宣传与推广长三角红色旅游、江南文化旅游等联动长三角地区旅游市场的主题旅游活动的举措，进一步加强了上海与苏浙皖地区旅游市场的同步发展；与此同时，又巧妙借助“力量之声组合”的独特营销手段，走出上海，走向长三角，并通过长江流域联盟的平台，进一步拓展到全国旅游市场，实现了多赢的市场营销效果。

第三，实现了从传统的景点市场推广到创新的形象大使营销的转型。在过去相当长的一段时间内，景区介绍和资源推介一直是旅游宣传与营销的核心内容。上海旅游主管部门立足上海旅游发展的现实，发挥上海城市综合性的人才优势，创造性地借鉴及运用了城市形象大使与会议形象大使的营销手段，提高了上海旅游市场的渗透力，提升了来沪游客的市场感知度，取得了四两拨千斤的市场营销效果。尤其是胡歌零费用代言上海旅游、出任上海旅游形象大使的活动策划，更是一个堪称经典的城市旅游营销故事。

由此可见，在旅游市场营销推广的实践与探索中，从手段、形式、内容等方面看，上海旅游管理部门无不尝试着改变与完善，在化蛹为蝶的蜕变中，实现了自身营销理念的突破，上海旅游的营销推广活动也变得更接地气，更显大气，更有眼光，更讲全局。

上海是一个超大城市，正在加速推进成为全球城市的发展步伐。根据规划，上海也提出了建设世界著名旅游城市的前进目标，具体内涵特征体现在都市型、综合性和国际化三个方面。新时期上海都市旅游市场的营销推广目标，就是让不同年龄、不同身份、不同民族、不同国籍的人，都能找到一个喜欢上海的理由；增强上海旅游品牌的市场影响力和吸引力，成为令人向往的世界著名旅游目的地。

受原上海市旅游局的委托，我们承担了此书的编写工作。根据原上海市旅游局相关领导对全书编写工作提出的基本原则和具体要求，由我提出了全书的写作框架与具体的章节内容，并与原上海市旅游局相关部门领导进行了多次沟通。最后确定全书由上海旅游节、胡歌代言上海、“音乐+旅游”、“上海会议大使”、“上海旅游购物的前世今生、上海旅游产品营销线路、上海邮轮旅游发展与营销实践，以及“黄浦最上海”的营销秘籍八部分内容组成，以便多角度、多层面反映上海为推动都市旅游发展，和在宣传推广和市场营销方面采取的创新举措以及开展的行之有效的探索。本书在一定程度上对多年来上海旅游市场营销工作进行了梳理和总结，揭示了领导支持、团队协同以及各方配合是上海旅游市场营销工作不断取得进步这一贯穿始终的基本特点。确定了本书的编写大纲后，我们成立了由上海多个高校的青年学者以及原上海市旅游局部分人员组成的写作团队。

本书的编写分工如下：第一章，上海旅游节——节庆营销管理之路，由李丽梅、李平负责完成。第二章，胡歌代言上海，助力都市旅游品牌打造，由马红涛负责完成。第三章，“音乐+旅游”——上海旅游营销新创举，由马红涛负责完成。第四章，“上海会议大使”——会议旅游营销升级之道，由马红涛负责完成。第五章，上海旅游购物的前世今生，由宋长海负责完成。第六章，上海旅游产品营销——从“大都市”到“长三角”，由刘震负责完成。第七章，上海邮轮旅游发展与营销实践，由孙晓东负责完成。第八章，“黄浦最上海”的营销秘籍，由宋长海在原上海市旅游局提供的相关材料上负责修改整理完成。

本书得以顺利完成，与团队全体成员近一年来的辛勤工作，以及原上海市旅游局相关部门的指导与协助密不可分。在材料的收集与整理的过程中，得到了原上海市旅游局陈平、姚烁烨、晁小卉，上海吉庆旅游经济发展中心赵湧和原上海市黄浦区旅游局王莉的积极支持与大力协助。作为本书编撰的负责人，在此我谨向他们表示诚挚的敬意与真诚的感谢。

在本书即将付梓之际，还要感谢东方出版中心的诸位老师为本书的出版工作付出的心血。需要说明的是，由于本书涉及上海旅游市场营销和推广工作的范围比较广、资料来源多元以及时间跨度长，加上我们认识的局限性，在观点阐述、数据处理、材料分析等方面难免会存在不足，敬请学者与读者批评指正。

楼嘉军

2019 年 8 月

目 录

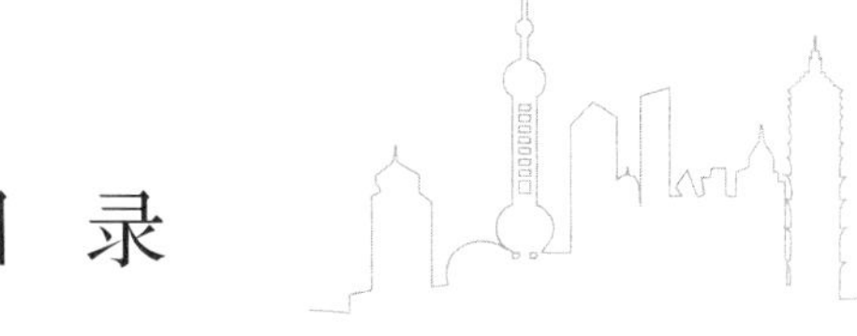

上海旅游节
——节庆营销管理之路

1990年，上海旅游节创办于上海市黄浦区，原名为黄浦旅游节，1996年正式更名为上海旅游节，至2018年已经连续举办了29届。经历了29年的发展，上海旅游节已经融合了商、旅、文、体等各个方面的项目，逐步由一个区县级的节庆活动发展成为一项在海内外具有一定知名度和影响力的活动，成为宣传上海都市旅游、展示上海城市形象、拉动旅游经济及相关产业发展的重要平台。上海旅游节的主题定位、发展方向以及在旅游产业中的重要地位，也越来越为社会各界所认同。不可否认，上海旅游节已经成为节庆营销的典范和上海都市旅游产品的一个重要品牌。

一、上海旅游节发展概况

（一）主题与吉祥物

上海旅游节的主题是“走进美好与欢乐”。这一主题把握了上海市民在物质和精神上的需要，贴近民意，也体现了上海城市精神以及上海海派文化的特征。上海旅游节的吉祥物是梅花鹿导游“乐乐”，形象可爱、亲切、活泼（见图1－1）。上海旅游节的节标是一只飞翔的小鸟，红、黄、蓝三原色搭配得极其协调，五条曲线也组合得十分美观，预示着上海旅游节将会勇往直前、越办越好（见图1－2）。

图1－1　上海旅游节吉祥物

图1－2　上海旅游节节标

（二）发展历程

1. 黄浦旅游节阶段（1990年—1995年）

这一阶段是上海旅游节的起步阶段。上海旅游节由黄浦区政府于1990

年正式举办，当时名为黄浦旅游节。黄浦旅游节创办的宗旨是通过节庆活动的举办来招商引资，并通过整合辖区商旅资源促进相关企业的融合发展。从举办的形式和活动内容上来看，大致又可以将黄浦旅游节分为两个阶段。

第一阶段：1990 年—1992 年。这一阶段的黄浦旅游节内容较为单一。活动的参与对象主要以企业为主，民众的可参与性和可进入性几乎为零。在形式上主要是以较为传统的招商引资会、百货商品推介会、旅游产品说明会为主。在活动的举办过程中，政府起着至关重要的主导作用。重经济性、轻社会性；重商旅融合、轻游客体验是这一阶段的主要特点。严格来说，这不是一项“普天同乐、万民同庆”的节庆活动，充其量只能说是一场大型的“商旅博览会”，类似于今天的旅游交易会或商业博览会。当然，在当时的经济环境下，黄浦旅游节的举办还是具有积极意义的。

第二阶段：1993 年—1995 年。这一阶段是黄浦旅游节的转型阶段。经历了第一阶段的发展，组织者已意识到，仅仅靠签订各类招商引资合同，只能在一段时间内解决经济方面的某些问题。如此发展下去，黄浦旅游节将难以发展壮大，商旅经济也难以实现持续性发展。1993 年，黄浦旅游节的组织者开始考虑办节模式的转变，于是，花车巡游活动在这个阶段应运而生。花车巡游的举办，使得广大市民和游客可以主动参与到活动中来，受到了广大市民和游客的极大欢迎。当然，除了花车巡游外，一台晚会和一个推介会的形式还继续存在，但大多数的活动对市民和游客来说，参与其中的难度依然较大。

这一阶段有三个主要特点：一是具有较强的政府指令性，花车制作工作基本是由政府以行政命令的形式下达到相关商业企业或单位；二是注重与市民游客的互动，开始考虑民众的参与度和体验性；三是活动的举办目的从最初完全的经济性逐渐转向经济性与社会性并重，开始从提升黄浦区知名度、凝聚人气、带动经济的角度来审视黄浦旅游节的举办。通过花车巡游这一项目，黄浦旅游节的知名度有所提升，不断得到市民和游客的关注，并逐步为社会各界所接受。

2. 上海旅游节阶段（1996 年至今）

经过前一阶段的发展，黄浦旅游节在上海市有了一定的知名度和影响力。特别是经过 1992 年至 1995 年这三年结合花车巡游活动的发展，其影响范围进一步扩大。社会各界也开始意识到黄浦旅游节这一节庆活动在塑造区域旅游形象、带动相关产业发展、丰富广大群众精神文化生活方面的积极意义。1996 年经上海市政府同意，黄浦旅游节正式更名为上海旅游节。由此，上海旅游节翻开了崭新的一页。从办节模式、办节主体和办节形式这三个方面出发，我们将上海旅游节的发展大致分为以下两个阶段。

第一阶段：1996—1997 年。黄浦旅游节正式更名为上海旅游节后，由原来的黄浦区单独举办转为由各区县轮办。上海市政府希望通过这个办节模式，带动一批商旅企业发展，或是为相关区县的重大商旅项目造势，来打造各区旅游品牌，带动相关产业的融合发展。1996 年和 1997 年，浦东新区和当时的南市区（已与现黄浦区合并）分别举办了上海旅游节，举办的时间较以往也有所延长。

这一阶段有四个主要特点：一是综合性更强，上海旅游节具备了开放性、群众性和参与性的重要特点；二是政府指令性依然很强，花车制作任务仍是政府主导，通过行政命令来下达，几乎不存在市场化运作；三是区县轮流举办的模式，不可避免地导致区县竞争的现象出现，上海旅游节的规模一年比一年大，耗资也一年比一年多，每次都在千万元以上，对举办者而言，形成一定的压力；四是节庆产品设计越来越注重塑造区域旅游形象、吸引市民和游客、带动商旅经济发展等方面的作用。

第二阶段：1998 年至今。1998 年，面对连年增长的巨大投资，原本已经初步明确举办意向的虹口区明确表示不愿承办当年的上海旅游节。经上海市政府协调，1998 年，上海旅游节正式由上海市旅游事业管理委员会（即后来的上海市文化和旅游局）主管，由上海市旅游事业管理委员会和市文广影视局、市商业委员会（现市商务委）三家市级单位联合主办，全市各区县联办，同时，成立市级层面的上海旅游节组织委员会。至此，上海旅游节从体制上、形式上正式成为一项市级节庆活动，开始打破原先的地域限制，充分依靠市政府各委办局的力量，充分发挥区县的积极性，采用“大旅游、大市场、大格局”为理念的发展模式。从此，上海旅游节步入了快速发展的阶段。

1998 年以来，玫瑰婚典、小主人生日游、德国啤酒节、上海旅游风筝会、崇明森林旅游节等活动先后在旅游节中开展起来。随着旅游节的不断发展，全新的活动项目也源源不断地加入，如开幕大巡游、浦江彩船大巡游、上海购物节、国际音乐烟花节、枫泾水乡婚典、南翔小笼文化展、南京路欢乐周等。近年来，上海旅游节还逐步融入了景区（点）、宾馆饭店打折优惠等便民利民活动，为期近一个月的旅游节活动精彩纷呈。

经过上述几个阶段，上海旅游节逐步迈入了发展正轨，基本明确了举办的时间和地点，形成了形式基本固定、内容求新求变的办节思路。按照“人民大众的节日”的定位和“一区一品”的发展策略，主办方不断开发新品、培育精品，不断提升市民、游客的参与度、体验感，不断添加本土化元素、开发国际化市场，积极主动融合旅游、商业、园林、教育、体育、科技、经贸等多个领域，综合观光、游园、美食、购物、文娱等各个方面，综合推进上海旅游节的全方位发展。经过 29 年的持续打造，上海旅游节逐步成为国内乃至海外具有一定知名度和影响力的大型都市节庆活动。29 年来，上海旅游节在塑造上海都市旅游形象、展示上海城市形象、拉动消费和经济，以及丰富广大市民和海内外游客的旅游文化生活等方面的积极意义越来越为社会各界所认同。

二、上海旅游节的项目实施过程

（一）组建工作机构

2016 年第 27 届上海旅游节经市政府批准举办，同时成立上海旅游节组委会。上海旅游节组委会主任由市政府分管副市长担任，全市各有关部门、各区县政府以及部分企业分管领导担任组委会委员。组委会下设工作机构，根据相关职能开展工作（见图 1－3）。

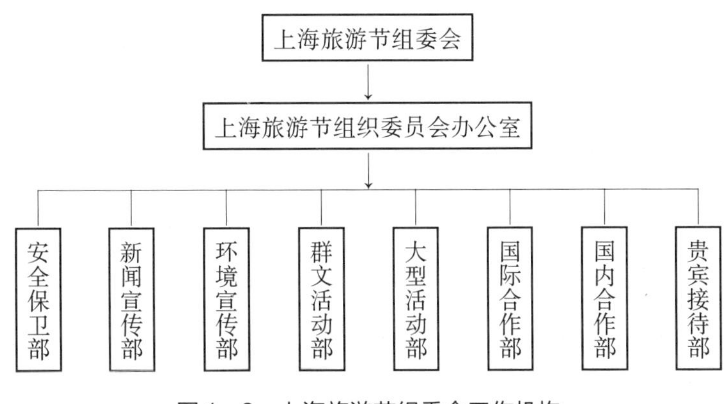

图 1－3　上海旅游节组委会工作机构

上海旅游节组织委员会办公室作为协调部门与原上海市旅游局综合处合署办公，在活动开展期间，根据需求借调各领域专业人员以保证活动顺利进行。

安全保卫部由上海市公安局、上海市消防局、原上海市旅游局抽调人员，负责活动项目的安全保卫工作。

新闻宣传部由上海市人民政府新闻办公室、上海文化广播影视集团、原上海市旅游局抽调人员，负责活动项目的宣传工作。

环境宣传部由上海市绿化和市容管理局、原上海市工商行政管理局、上海市城乡建设和交通委员会、原上海市旅游局抽调人员，负责活动项目的环境保障工作。

群文活动部由上海市精神文明建设委员会、上海市体育局、原上海市文化广播影视管理局、原上海市旅游局抽调人员，负责群众组织活动项目的协调工作。

大型活动部由原上海市旅游局、上海市商务委员会、上海海事局、原上海市文化广播影视管理局、上海市交通运输和港口管理局、上海市绿化和市容管理局、浦东新区商务委员会及各区县旅游局抽调人员，负责大型活动项目事项。

国际合作部、国内合作部、贵宾接待部均由原上海市旅游局抽调人员，负责接待协调工作。

（二）项目实施前期工作

这里以2016年上海旅游节的项目实施情况为例，来分析上海旅游节在正式举办前的工作流程。上海旅游节的主要前期工作包括招展、建立组织机构、活动内容确定、前期宣传等，时间从2015年11月—2016年8月，前后历时9个多月。

1. 2015年11月—2016年5月

花车、表演团体招展工作；开幕式方案；总体方案；旅游节宣传计划；区县活动方案；旅游节境内外宣传。

2. 2016年6月—2016年8月

花车设计制作；表演团体接待筹备工作；旅游节组委会会议；旅游节各项活动方案的确定；各项筹备工作；旅游节媒体宣传工作。

（三）项目管理情况

1. 立项管理

本届旅游节作为市财政专项资金重点项目，经过了专家的评审，并得到上海市政府的批准。

2. 计划管理

（1）对各项活动作预估

上海旅游节组委会在前期对旅游节项目的可操作性、社会反响等进行了预估，在活动组织实施的过程中，做好了各项方案（人员接待、安全保障、新闻宣传等）。上海旅游节组委会从 2015 年 11 月至 2016 年 5 月向各区县收集活动素材，对区县上报的活动的主旨思想、内容、形式、受众面、可持续性等进行评价，决定是否将其列入本届旅游节项目中。

（2）进行国内外宣传推广

每年旅游节前夕，上海市旅游主管部门会通过各种展会推介活动以及国家旅游局驻海外办事处、市外办、市侨办等渠道向全世界发出参与旅游节开幕大巡游的邀请。同时，上海旅游节组委会还在港澳地区以及海外进行旅游节专题促销。

（3）制作旅游节总体方案

在预调研的基础上，旅游节组委会根据旅游节的传统节目，以及市属节目，各区申报的节目和创新节目制定旅游节总体方案。

（4）报上海市政府审核批准

旅游节所有的活动均要报上海市政府审核批准后，才能被确定为正式活动。针对活动举办过程中特殊的、突发性自然条件变化以及社会环境变化等，结合活动的实际情况，可能会有时间、场所、周期、形式上的调整。

3. 项目实施管理

（1）根据确定的旅游节总体方案和政府采购要求选择供应商

旅游节组委会根据确定的总体方案及预算，采用政府招投标采购方式逐一选择供应商。在确定供应商后，旅游节组委会与该单位签订具有法律效力的合同，并经旅游主管部门法律顾问审核。

（2）对项目经费支出制定管理规定

旅游节组委会于2012年7月18日制定了《上海旅游节组织委员会办公室经费支出管理规定》，并结合内部业务操作流程，对经费的支出范围、审批权限、费用报销流程等作出规定，确保经费支出的规范性。

（3）项目实施过程

根据组委会制定的各项制度和项目实施进程，支出项目的各项经费。

（4）项目后续管理

旅游节结束后，比照活动举办前的计划，组委会对活动的实际情况进行总结，为来年的活动打好基础，同时，聘请专业审计公司对经费支出进行审计并出具相关报告。

三、上海旅游节的营销管理经验

（一）固定办节模式

上海旅游节基本形成了固定的办节模式，即：以开幕大巡游拉开序幕，以精彩丰富的各区县经典品牌活动为主体，以持续时间长、影响广、范围大的花车巡游贯穿始终，以上海国际音乐烟花节作为旅游节闭幕式，并将节日气氛推向高潮。

（二）明确办节宗旨

上海旅游节始终贯彻打造都市旅游、展示上海城市形象、带动相关产业发展、拉动旅游经济增长、丰富海内外游客在沪期间的旅游文化生活的宗旨，组织开展各类活动，并取得了积极成效。

（三）积极主动谋求融合发展

上海旅游节紧扣时代脉搏，结合国家及上海市重大外事活动（如上海合作组织峰会）、重大活动（如上海世博会）、历年中国旅游主题、重大旅游项目建设（如上海欢乐谷、上海迪士尼、宝山吴淞口国际邮轮港等）等，为各类大型活动渲染氛围、制造热点。同时，上海旅游节也以更开放的姿态进一步地融合商、旅、文、体各个领域的项目，并在此过程中推进自身的发展和壮大。

（四）积极推进国际化进程

上海旅游节不断推进国际化进程，与意大利威尼斯狂欢节、英国诺丁山狂欢节、巴西里约狂欢节、美国玫瑰花节等世界著名节庆活动组织建立了良好的合作关系，并由此带动了境内外表演团体和花车的招商工作。上海旅游节在意大利、法国、美国、新西兰、韩国、俄罗斯、澳大利亚建立了自己的宣传中介组织，一方面通过其开展上海旅游节花车和表演团体招商工作；另一方面，经过其宣传进一步提升了上海旅游节的境外知名度，吸引了境外游客来沪参加上海旅游节的各项活动。

（五）创新旅游活动

上海旅游节创新旅游活动形式，在市级层面开展活动的同时，也在各区范围开展相关旅游活动，并积极鼓励各区开发新品，形成精品。在此过程中，上海旅游节充当了创新产品的“试验田”。超过百项全新的旅游产品和活动，经过上海旅游节这个平台的检验，去粗取精，留下了一批具有持续生命力和市场影响力的经典品牌活动，尤其是花车巡游活动已经成为每届旅游节的标志性活动。2018 年上海旅游节期间，共有 25 个国家和地区的 25 辆主题花车、37 个表演团队在开幕大巡游中展现本地风情。表 1－1、1－2、1－3 列举了 2018 年上海旅游节期间在全市和各区范围内开展的主要品牌活动以及其他活动。

表 1－1 2018 年上海旅游节活动安排（全市活动）

活动形式	日期	地点
开幕大巡游活动	9 月 15 日	淮海路（西藏南路—陕西南路）
上海旅游节闭幕式活动	10 月 6 日	迪士尼小镇
“精彩上海、乐游浦江”特别活动	10 月 1 日	十六铺
上海购物节	9 月 28 日—11 月 11 日	全市范围
上海科创嘉年华	9 月 30 日—10 月 8 日	世博园区
e 游上海旅游节	8 月 20 日—10 月 6 日	新华网
“阅读上海”微旅游活动	10 月 1 日	本市范围
感受上海制造——工业旅游线路启动暨“一书一图一册”发布会	9 月下旬	上海汽车博物馆
乡村民宿体验周	9 月 12 日—19 日	本市郊区
2018 海派农家菜大擂台	9 月 17 日	松江雪浪湖生态园
入境旅游政策宣传周	9 月 27 日—10 月 4 日	浦东国际机场
品质生活 APP 上线暨“旅游达人”游上海活动	9 月 21 日	全市范围
长三角旅游一体化论坛	9 月 25 日—26 日	上海国际旅游度假区
“乐游上海”第三届上海市民旅游知识大赛	9 月 27 日	全市范围
“乐游金秋上海，畅享多重优惠”活动	9 月 15 日—21 日	全市范围
表演队伍和花车评比大奖赛	9 月 16 日—10 月 6 日	全市范围
上海旅游纪念品设计大赛	5 月—11 月	全市范围
上海旅游节摄影大赛	9 月 15 日—10 月 6 日	全市范围
上海骑游节	9 月 16 日	黄浦区、徐汇滨江
微游双城	9 月—10 月	上海、台北
城市深度游发现之旅——龙陵首游式	9 月 25 日	全市范围

表 1－2　2018 年上海旅游节活动安排（各区活动）

区	活动	时间	地点
浦东	探寻神秘之旅	9 月 10 日—10 月 15 日	上海野生动物园
浦东	第二十届上海浦东假日酒店慕尼黑啤酒节	9 月 18 日—24 日	上海浦东假日酒店东广场
浦东	东方明珠喜剧节	9 月 22 日—26 日	东方明珠广播电视塔
浦东	2018 上海滴水湖体育运动嘉年华	9 月 16 日	滴水湖西岛
浦东	奇跑迪士尼	9 月 15 日—16 日	上海迪士尼度假区
黄浦	豫园中秋传家节	9 月 1 日—21 日	豫园商城
黄浦	欢购乐游黄浦行	9 月 15 日—10 月 6 日	黄浦区
黄浦	豫园集团九子大赛暨上海市第四届社区游戏节	9 月 16 日	九子公园
黄浦	南京路欢乐游	9 月 16 日—19 日	南京路步行街
黄浦	玫瑰婚典	9 月 20 日	外滩
黄浦	2018 天地世界音乐节·新天地站	9 月 21 日—24 日	新天地南里广场
静安	第六届静安国际起泡酒节	9 月 13 日—16 日	静安公园南京西路广场
静安	上海（静安）世界咖啡文化节	9 月 14 日—16 日	兴业太古汇
静安	静安国际雕塑展	9 月	静安雕塑公园
静安	第八届市北啤酒节	9 月中旬—下旬	市北高新商务中心
徐汇	复兴艺术节	9 月 15 日—10 月 6 日	衡复地区
徐汇	爵士上海音乐节	9 月 22 日—23 日	西岸营地
徐汇	唐韵中秋	9 月 23 日—24 日	桂林公园
长宁	扬子江德国啤酒节	9 月 12 日—22 日	扬子江万丽大酒店
长宁	“跟着绘本游长宁”小主人欢乐游主题活动	9 月	长宁区
普陀	2018 上海环球港旅游文化购物节	9 月 16 日—10 月 7 日	上海环球港
普陀	M50 美学博览会	9 月	莫干山路 50 号

续　表

虹口	四川北路欢乐节	9 月 17 日—10 月 6 日	虹口足球场—四川北路沿线
	2018 上海邮轮游艇旅游节	9 月 17 日—10 月 6 日	北外滩上港邮轮城
杨浦	上海大学生旅游节	9 月 21 日	黄兴公园
	第十八届都市森林狂欢节	9 月 26 日—10 月 7 日	上海共青森林公园
宝山	上海邮轮旅游节	9 月 23 日—10 月 6 日	宝山区
	金秋游园会	9 月 21 日—10 月 26 日	顾村公园
	第五届上海木文化节	9 月 22 日—10 月 28 日	上海木文化博览园
	上海飞镖音乐节	9 月 22 日—24 日	中成智谷
闵行	相约大师赛　骑行游闵行	9 月 16 日	闵行区
	华漕“国际家庭日”嘉年华	9 月 16 日	华漕国际社区文化活动中心
	虹桥天地国际音乐美食文化月	9 月 21 日—10 月 28 日	虹桥天地
嘉定	上海南翔小笼文化展	9 月 28 日—10 月 28 日	南翔老街
	安亭赛车季	9 月—11 月	安亭 · 上海国际汽车城
金山	2018 金山海鲜文化节	9 月中旬—10 月	金山嘴渔村
	第十四届“吴根越角”枫泾水乡婚典	9 月下旬	枫泾古镇旅游区
奉贤	海湾森林慢生活集会	9 月 15 日—10 月 6 日	海湾国家森林公园
	第二十一届旅游风筝会	9 月 23 日—10 月 7 日	海湾旅游区
	光明蔬菜节	9 月 29 日—10 月 31 日	都市菜园景区
	第四届碧海金沙沙滩滑水节	10 月 1 日—7 日	碧海金沙景区
松江	2018 松江菊花文化节	9 月 30 日—11 月 25 日	五库农业园区
	2018 上海欢乐谷国际魔术节	10 月 1 日—7 日	上海欢乐谷
	上海影视乐园第四届旗袍文化艺术节	10 月 1 日—7 日	上海影视乐园
	新浜乡村休闲旅游节	9 月 15 日—10 月 10 日	新浜镇

续 表

青浦	朱家角水乡音乐节	9 月 21 日—23 日	朱家角古镇
	上海淀山湖旅游节	8 月 8 日—10 月	青浦区
崇明	上海崇明森林旅游节暨第二届农趣休闲季	9 月 15 日—10 月 31 日	崇明区

表 1-3 2018 年上海旅游节活动安排（其他活动）

活动形式	时间	地点
2018 上海酸奶节	9 月 16 日—10 月 6 日	全市范围
寻找最美滨江笑脸活动	8 月—9 月 30 日	黄浦江滨江
寻秘最美小镇	9 月 16 日—30 日	本市郊区
上海特色旅游食品评选活动	9 月 20 日—22 日	上海旅游纪念品展示中心

（六）全面推广旅游景点信息

为更好地服务市民，提高市民的参与度，原上海市旅游局在上海旅游节期间推出“上海市民游上海”等系列活动，诸多旅游景点实行半价优惠。2018 年上海旅游节期间，有 75 家旅游景（区）点半价优惠，包括上海东方明珠广播电视塔、黄浦江游览、上海野生动物园、上海金茂大厦 88 层观光厅、上海迪士尼乐园、上海中心上海之巅观光厅等。表 1-4 为 2018 年上海旅游节景点门票半价优惠活动汇总表。

（七）与时俱进，通过旅游节推进旅游业高品质发展

2018 年上海旅游节共有七个板块，主要包括开幕式和闭幕式、助力打响上海“四大品牌”系列活动、黄浦江游览系列活动、邮轮旅游系列活动、乡村旅游和民宿体验系列活动、推进长三角旅游一体化系列活动、“上海市民游上海”系列活动等七十余个项目，共吸引 1 275 万市民及游客参与。旅游节期间，一系列新的旅游产品、活动和新的旅游服务应运而生。

首先，推出活动、发布线路。上海旅游节期间，上海印发了《关于促进

表 1－4　2018 年上海旅游节景点门票半价优惠活动汇总表

<table>
<tr><th rowspan="2">序号</th><th rowspan="2">景 点 名 称</th><th colspan="4">门票价格（元）</th><th rowspan="2">游客咨询电话、地址</th></tr>
<tr><th>成人</th><th>儿童</th><th>老人</th><th>学生</th></tr>
<tr><td rowspan="2">1</td><td rowspan="2">上海东方明珠广播电视塔 E 票</td><td colspan="4">180</td><td rowspan="2">电话：58791888
地址：世纪大道 1 号</td></tr>
<tr><td colspan="4">备注：仅对散客实行半价优惠</td></tr>
<tr><td>2</td><td>上海野生动物园</td><td colspan="4">130</td><td>电话：58036000
地址：南六公路 178 号</td></tr>
<tr><td>3</td><td>上海科技馆</td><td>60</td><td>/</td><td>50</td><td>30</td><td>电话：68622000＊6888
地址：世纪大道 2000 号</td></tr>
<tr><td>4</td><td>上海迪士尼乐园</td><td>399（平日）、575（周六、周日）、665（10 月 1 日—6 日）</td><td>299（平日）、431（周六、周日）、498（10 月 1 日—6 日）</td><td>299（平日）、431（周六、周日）、498（10 月 1 日—6 日）</td><td>/</td><td rowspan="2">地址：申迪北路 753 号</td></tr>
<tr><td></td><td></td><td colspan="4">备注：专享票优惠时间 9 月 15 日—10 月 6 日，当天下午三点之后入园，专享票基于库存情况进行发售，销售渠道为上海迪士尼度假区指定官方网站</td></tr>
<tr><td rowspan="2">5</td><td rowspan="2">上海金茂大厦 88 层观光厅</td><td>120</td><td>60</td><td>100</td><td>90</td><td rowspan="2">电话：50475101
地址：世纪大道 88 号</td></tr>
<tr><td colspan="4">备注：半价优惠时间 8:30—16:30</td></tr>
<tr><td rowspan="2">6</td><td rowspan="2">上海环球金融中心观光厅</td><td colspan="4">180</td><td rowspan="2">电话：58780101＊507
地址：世纪大道 100 号</td></tr>
<tr><td colspan="4">备注：联票（97+100 层）实行成人票半价优惠</td></tr>
</table>

续 表

<table>
<tr><th rowspan="2">序号</th><th rowspan="2">景 点 名 称</th><th colspan="4">门票价格（元）</th><th rowspan="2">游客咨询电话、地址</th></tr>
<tr><th>成人</th><th>儿童</th><th>老人</th><th>学生</th></tr>
<tr><td>7</td><td>上海海洋水族馆</td><td>160</td><td>110</td><td>90</td><td>/</td><td>地址：陆家嘴环路 1388 号</td></tr>
<tr><td>8</td><td>上海世纪公园</td><td colspan="4">10</td><td>电话：38760588＊8510
地址：芳甸路 666 号</td></tr>
<tr><td>9</td><td>上海鲜花港</td><td>50</td><td>25</td><td>40</td><td>/</td><td>电话：58295858
地址：东海农场振东路 2 号</td></tr>
<tr><td rowspan="2">10</td><td rowspan="2">中国航海博物馆</td><td colspan="4">50</td><td rowspan="2">电话：68283691
地址：临港新城申港大道 197 号</td></tr>
<tr><td colspan="4">备注：仅成人票实行半价优惠；其余票价不变，详见门市价。（周一闭馆，9 月 17 日不开放）</td></tr>
<tr><td rowspan="2">11</td><td rowspan="2">上海中心上海之巅观光厅</td><td colspan="4">180</td><td rowspan="2">地址：浦东新区银城中路 501 号</td></tr>
<tr><td colspan="4">备注：仅对成人散客票实行半价</td></tr>
<tr><td rowspan="2">12</td><td rowspan="2">孙桥现代农业开发区</td><td>30</td><td>/</td><td>20</td><td>/</td><td rowspan="2">地址：张江孙桥沔北路 185 号</td></tr>
<tr><td colspan="4">备注：活动期间票价均为 15 元</td></tr>
<tr><td rowspan="2">13</td><td rowspan="2">上海滨江森林公园</td><td colspan="4">20</td><td rowspan="2">电话：58644791
地址：高桥镇凌桥沙滩 3 号</td></tr>
<tr><td colspan="4">备注：活动期间票价全部 10 元；65 周岁以上免票</td></tr>
<tr><td rowspan="2">14</td><td rowspan="2">上海东方地质科普馆</td><td colspan="4">80</td><td rowspan="2">电话：33934565
地址：浦东新区祝桥镇路 100 号</td></tr>
<tr><td colspan="4">备注：仅对成人实行半价优惠</td></tr>
<tr><td rowspan="2">15</td><td rowspan="2">周浦花海</td><td colspan="4">60</td><td rowspan="2">电话：58155621
地址：周浦镇界浜村周邓公路 4385 号</td></tr>
<tr><td colspan="4">备注：活动期间所有票种统一价格 30 元整</td></tr>
</table>

续 表

<table>
<tr><th rowspan="2">序号</th><th rowspan="2">景 点 名 称</th><th colspan="4">门票价格（元）</th><th rowspan="2">游客咨询电话、地址</th></tr>
<tr><th>成人</th><th>儿童</th><th>老人</th><th>学生</th></tr>
<tr><td>16</td><td>上海游龙石文化科普馆</td><td>80</td><td>/</td><td>50</td><td>/</td><td>电话：58949178
地址：川沙新镇新春路 20 号</td></tr>
<tr><td>17</td><td>上海泰迪之家博物馆</td><td>80</td><td>60</td><td>/</td><td>/</td><td>电话：31075003
地址：世博大道 1368 号世博园四区 L2 层</td></tr>
<tr><td rowspan="2">18</td><td rowspan="2">震旦博物馆</td><td colspan="4">60</td><td rowspan="2">电话：58408899 * 607
地址：富城路 99 号副楼</td></tr>
<tr><td colspan="4">备注：营业时间 10:00—17:00，仅对成人实行半价优惠（周一闭馆）</td></tr>
<tr><td rowspan="2">19</td><td rowspan="2">泰会生活文化园</td><td>100</td><td>50</td><td>50（60 岁以上凭证）</td><td>/</td><td rowspan="2">电话：4009207987
地址：园顺路 80 号</td></tr>
<tr><td colspan="4">备注：70 岁以上免票</td></tr>
<tr><td rowspan="2">20</td><td rowspan="2">新场古镇</td><td colspan="4">18</td><td rowspan="2">电话：58170650
地址：新场大街 367 号</td></tr>
<tr><td colspan="4">备注：活动期间票价全部 9 元</td></tr>
<tr><td rowspan="2">21</td><td rowspan="2">黄浦江游览</td><td>120</td><td>/</td><td>120</td><td>/</td><td rowspan="2">电话：4009201278；021－53089007
地址：中山东二路 481 号，十六铺码头地下一层票房</td></tr>
<tr><td colspan="4">备注：半价优惠时间 11:00—17:00，1.3 米以下儿童免票</td></tr>
<tr><td rowspan="2">22</td><td rowspan="2">上海城市规划展示馆</td><td>30</td><td>15</td><td>15</td><td>/</td><td rowspan="2">电话：63722077
地址：人民大道 100 号</td></tr>
<tr><td colspan="4">备注：1.3 米以下儿童由大人陪同可免票（周一闭馆）</td></tr>
</table>

续 表

<table>
<tr><th rowspan="2">序号</th><th rowspan="2">景 点 名 称</th><th colspan="4">门票价格（元）</th><th rowspan="2">游客咨询电话、地址</th></tr>
<tr><th>成人</th><th>儿童</th><th>老人</th><th>学生</th></tr>
<tr><td>23</td><td>上海杜莎夫人蜡像馆</td><td>190</td><td>140</td><td>140</td><td>/</td><td>电话：4000988966
地址：南京西路 2—68 号新世界商厦 10 楼</td></tr>
<tr><td rowspan="2">24</td><td rowspan="2">上海孙中山故居纪念馆</td><td colspan="4">20</td><td rowspan="2">地址：香山路 7 号</td></tr>
<tr><td colspan="4">备注：仅对成人散客票实行半价，70 岁以上老人免票</td></tr>
<tr><td rowspan="2">25</td><td rowspan="2">上海世博会博物馆（电影票）</td><td>50</td><td>50</td><td>50</td><td>50</td><td rowspan="2">电话：23132818
地址：蒙自路 818 号</td></tr>
<tr><td colspan="4">备注：上海世博会博物馆免费开放，馆内电影票半价优惠（周一闭馆）</td></tr>
<tr><td>26</td><td>上海自然博物馆（上海科技馆分馆）</td><td>30</td><td>/</td><td>25</td><td>12</td><td>电话：62620280
地址：北京西路 510 号（静安雕塑公园内）</td></tr>
<tr><td rowspan="2">27</td><td rowspan="2">上海植物园</td><td>15/40 联票</td><td>6 周岁或 1.3 米以下免费</td><td>65 周岁以上凭证免票</td><td>/</td><td rowspan="2">电话：54363369
地址：龙吴路 1111 号</td></tr>
<tr><td colspan="4">备注：活动以公园公示为准</td></tr>
<tr><td rowspan="2">28</td><td rowspan="2">上海电影博物馆</td><td colspan="4">60</td><td rowspan="2">电话：64387100＊8101
地址：漕溪北路 595 号</td></tr>
<tr><td colspan="4">备注：半价日活动日期仅为 9 月 15 日、16 日两天</td></tr>
<tr><td>29</td><td>上海动物园</td><td colspan="4">40</td><td>电话：62689733
地址：虹桥路 2381 号</td></tr>
</table>

续 表

<table>
<tr><th rowspan="2">序号</th><th rowspan="2">景 点 名 称</th><th colspan="4">门票价格（元）</th><th rowspan="2">游客咨询电话、地址</th></tr>
<tr><th>成人</th><th>儿童</th><th>老人</th><th>学生</th></tr>
<tr><td rowspan="2">30</td><td rowspan="2">上海长风海洋世界</td><td>180</td><td>120</td><td>120</td><td>/</td><td rowspan="2">电话：4000988966
地址：大渡河路 451 号长风公园内</td></tr>
<tr><td colspan="4">备注：所有游客均享受半价优惠；1 米以下儿童免费</td></tr>
<tr><td rowspan="2">31</td><td rowspan="2">上海世嘉都市乐园</td><td colspan="4">190</td><td rowspan="2">电话：62569108
地址：中山北路 3300 号环球港 4 层 L4081</td></tr>
<tr><td colspan="4">备注：老人超过 60 周岁（含 60 岁）可免费人场参观但不可游玩</td></tr>
<tr><td rowspan="2">32</td><td rowspan="2">上海乐高探索中心</td><td>200</td><td>200</td><td>200</td><td>/</td><td rowspan="2">电话：4000988966
地址：大渡河路 196 号长风大悦城二楼中庭</td></tr>
<tr><td colspan="4">备注：所有游客（成人、儿童、老人）均享受半价优惠，1 米以下儿童免票（须成人携带入馆）</td></tr>
<tr><td rowspan="2">33</td><td rowspan="2">上海鲁迅公园</td><td colspan="4">8</td><td rowspan="2">电话：56662608
地址：山阴路 132 弄 9 号</td></tr>
<tr><td colspan="4">备注：周一闭馆</td></tr>
<tr><td rowspan="2">34</td><td rowspan="2">上海共青森林公园</td><td colspan="4">15</td><td rowspan="2">电话：65328194
地址：军工路 2000 号</td></tr>
<tr><td colspan="4">备注：仅对成人散客票实行半价优惠</td></tr>
<tr><td rowspan="2">35</td><td rowspan="2">上海家家乐梦幻乐园</td><td>248</td><td>248</td><td>248</td><td>/</td><td rowspan="2">电话：4008201509
地址：安浦路 615 号 B1</td></tr>
<tr><td colspan="4">备注：所有游客（成人、儿童、老人）均享受半价优惠；优惠不得同享</td></tr>
<tr><td rowspan="2">36</td><td rowspan="2">上海安徒生童话乐园</td><td colspan="4">180</td><td rowspan="2">电话：4001012266
地址：国泓路 200 号</td></tr>
<tr><td colspan="4">备注：1 米（含）以上儿童或成人适用</td></tr>
</table>

本市乡村民宿发展的指导意见》《上海市工业旅游创新发展三年行动方案》，推出了乡村民宿、工业旅游、漫步街区等体验活动，发布了首批50个市民休闲好去处、5条工业旅游经典线路、7条“阅读上海”微旅行线路和5条达人游上海线路。

其次，市民参与、共享成果。上海旅游节期间，上海创新推出了“阅读上海、乐游浦江”国庆特别活动、百名旅游达人游上海、乡村民宿体验周、E游上海旅游节等新活动，吸引了更多市民群众、城市建设者参与活动，分享旅游发展成果，感受上海城市温度。

再次，建设设施、提供服务。上海旅游节期间，20座新建和改建的综合旅游服务中心的亮相启用，为中外游客提供了一站式公共旅游服务，通过技能竞赛、疏散和情景等应急演练，旅游行业应急处置能力得到了有效提升。此外，组委会委托第三方机构组织开展酒店服务质量暗访，发布监测结果，并督促相关酒店切实落实整改，全力提升住宿业服务品质。上海旅游节是2018年中国国际进口博览会前非常重要的一次模拟实战，通过承载巨大的游客量，上海的旅游服务能力得到了检验和提升，为进博会的保障工作打下了更坚实的基础。

四、上海旅游节市场绩效的横向比较分析

根据收集到的资料，本部分以2016年的项目实施效果为例，来分析上海旅游节的绩效情况。

（一）项目产出目标和效果目标的实现情况

1. 数量指标

(1) 市民游客参与数

该指标的目标值为950万人次。为期24天的上海旅游节累计吸引市民和

游客 1 150 万人次，指标完成率 100%。见表 1－5。

表 1－5　2016 年上海旅游节数量指标与实际完成情况

指标类别	跟 踪 指 标	年度目标值	实际完成值	指标完成率
数量	市民游客参与数	950 万人次	1 150 万人次	121.05%
	活动覆盖本市各区县数	16 个	16 个	100.00%
	活动总数量	42 个	56 个	133.33%

（2）活动覆盖本市各区县数

从跟踪的情况得出，市级层面活动实现了全市全部区县的覆盖，指标完成率 100%。

从表 1－6 可以得知所有区县都推出了旅游节活动项目，其中市区级活动占比 57.14%，郊县活动占比 42.86%。

表 1－6　活动项目分布区域表

全　市	浦东（郊县）	黄浦区	徐家汇	静安区	虹口区
13	3	5	2	4	2
宝山区（郊县）	嘉定区（郊县）	金山区（郊县）	奉贤区（郊县）	松江区（郊县）	青浦区（郊县）
3	3	2	4	3	3
崇明区（郊县）	杨浦区	普陀区	长宁区	闵行区（郊县）	
2	2	2	2	1	

（3）活动总数量

2016 年活动总数量的目标值是 42 个，实际举办活动总数量为 56 个，指标完成率 133.33%（见表 1－5）。2016 年上海旅游节除了推出了 56 个活动外，在 9 月 10 日至 16 日期间，还推出了 60 家景点门票半价优惠活动。

2. 质量指标

(1) 媒体参与增长率

该指标目标值为10%。2016年上海旅游节受邀参与媒体为104家，2015年受邀参与媒体为99家，新增了5家，实际增长率为5.05%。指标完成率50.50%（见表1-7和表1-8）。

表1-7 2016年上海旅游节质量指标与实际完成情况

指标类别	跟踪指标	年度目标值	实际完成值	指标完成率
质量	媒体参与增长率	10%	5.05%	50.50%
	外省市及海外代表和参演团参与增长率	10%	9.68%	96.77%
	活动创新提升度	5%	0%	0%

表1-8 媒体名单明细表

主流媒体			
上海广播电视台	上海日报	文汇报	ICS上海外语频道
环球时报	劳动报	新民晚报	新华社上海分社
解放日报/上海观察	央视上海站	新华视频	中央人民广播电台
中国旅游报	央视财经频道上海站	人民日报华东分社	中新社
旅游时报	新闻晨报	东方早报/澎湃新闻	喜马拉雅电台
青年报	时代报	第一财经	扬子晚报
东方网	东方网旅游频道	经济日报	光明日报
上海法治报	新浪网	中国报道上海频道	中国日报
海峡之声	人民网上海频道	腾讯大申网	中国质量报
央视英语频道上海工作站	新民网	《游侠指北》	第一旅游网长三角频道
经济网上海频道	上海人民广播电台		

续 表

专　版			
文汇报	新民晚报	新闻晨报	I时代报
申江服务导报	劳动报旅游	每周有线电视报	生活周刊
青年报	华东旅游报	东方网英文版	城市导报
都市丽人	家庭教育报	上海侨报	央视《华夏文明》
SMG 旅游频道	高铁列车电视节目中心	私家地理	
相关摄影作品			
解放日报	文汇报	新民晚报	新闻晨报
东方早报	青年报	上海商报	上海日报
劳动报	中新社		
新　媒　体			
“乐游上海”微博	“上海旅游节”微博	“乐游上海”微信	“喜欢上海旅游节的理由：我和上海旅游节的故事”微信订阅号
人民日报影视服务中心	“网易”上海站	优酷网	风行网
爱奇艺	悦游杂志	旅游情报	乐途旅游网
小众旅游	趣游网	Travelzoo 旅游族	穷游网
境外媒体			
凤凰卫视	香港卫视上海站	美联电视台	东京电视台
NHK	东森电视台	香港有线电视台	路透社
联合早报	Travel Weekly	香港商报	香港大公报
香港文汇报	美通社		

（2）外省市及海外代表和参演团参与增长率

该指标目标值为 10%。2016 年参演的外省市和海外参演团为 34 个，受邀参加的外省市代表来自 5 个省，海外代表来自 22 个国家和地区。2015 年参演的外省市和海外参演团为 31 个，受邀参加的外省市代表来自 4 个省，海外代表来自 19 个国家和地区。2016 年实际增长率为 9.68%，指标完成率为 96.77%（见表 1－7）。

随着宣传效应的产生和旅游节知名度的提升，将会有更多的外省市及海外代表和参演团参与其中。他们会学习和借鉴上海旅游节相关经验，从而提升上海旅游节的知名度。

（3）活动创新提升度

该指标目标值为 5%。2016 年活动中有 15 个与 2015 年活动内容不同，2015 年活动中有 19 个与 2014 年活动内容不同，2016 年活动创新提升度为 0%，指标完成率为 0%（见表 1－7）。

3. 时效指标

活动举办准时率

活动成功举办的重要前提是准时，这也是项目开展的基本要求，通过对 56 个活动的跟踪调查，得出数据，2016 年活动均按期举办，准时率为 100%。

表 1－9　2016 年上海旅游节时效指标与实际完成情况

指标类别	跟踪指标	年度目标值	实际完成值	指标完成率
时效	活动举办准时率	100%	100%	100%

4. 社会效益指标

（1）客房出租增长率

该指标的目标值为 5%。根据数据统计，2016 年国庆节期间客房出租率较 2015 年同期增长 7%，指标完成率 140%。

表 1－10　2016 年上海旅游节社会效益指标与实际完成情况

指标类别	跟踪指标	年度目标值	实际完成值	指标完成率
经济效益	客房出租增长率	5%	7%	140%
社会效益	市民游客知晓率	75%	79.35%	106%
	城市形象提升度	95%	92.16%	97.01%
满意度	市民游客的满意度	75%	82.63%	110%
	旅游业界的满意度	85%	92.19%	108%

（2）市民游客知晓率

该指标的目标值为 75%。通过问卷调查统计得出实际的知晓率为 79.35%，指标完成率 106%。

根据市民游客知晓率调查统计，在 460 份有效问卷中，151 份来自上海市民的调查问卷显示知晓率达到 86.75%，309 份来自外地游客的调查问卷显示知晓率为 75.40%，综合知晓率为 79.35%，指标完成率为 106%。

（3）城市形象提升度

该指标的目标值为 95%。根据我们发放的调查问卷的统计结果（调查范围为部分市民游客和部分旅游企业），2016 年实际城市形象提升度为 92.16%，指标完成率为 97.01%。

其中市民游客认为上海旅游节对城市形象提升度为 91.84%，认为胡歌对城市形象提升度为 92.49%，综合计算得出城市形象提升度为 92.16%。

城市形象提升度是上海旅游节举办的总体目标中的重要指标，随着上海旅游节知晓率和城市形象的提升，上海旅游节将吸引更多的游客来沪观光旅游，这将直接提升上海的城市形象，这一影响是可持续的。

（4）市民游客的满意度

该指标的目标值为 75%。通过问卷调查统计得出实际值为 82.63%。指标完成率为 110%。但比 2014 年的 83.5%有所下降。

根据我们开展的社会调查来看，市民游客对上海旅游节的满意度较高，对各项活动表示总体满意。

（5）旅游业界的满意度

该指标的目标值为 85%。通过问卷调查统计得出实际值为 92.19%，指标完成率为 108%。

根据我们对旅游业界开展的社会调查，旅游业界对上海旅游节评价较高，认为上海旅游节对旅游业的发展起到了积极作用，产生了较好的社会效益。

随着市民游客满意度和旅游业界满意度的提高，旅行社会更愿意组织游客来沪观光旅游，这将给上海的旅游业带来生机，给上海的商、旅、文、体带来收益，并进一步提升上海的知名度和城市形象，实现双赢。两项满意度指标与上海旅游节的总体目标是一致的，是可持续的考核指标。

2016 年为期 27 天的上海旅游节累计吸引市民和游客 1 150 万人次。国庆节的七天时间内，本市共接待游客 927 万人次，同比增长 5%；实现旅游收入 91 亿元，同比增长 13.2%。据商务委统计，国庆期间，本市汇金百货、环球港、世博源等 10 家纳入统计的商业零售企业共实现营业额 8.83 亿元，同比增长 10.3%。上海旅游节对相关产业的拉动作用明显，据中国银联上海公司统计，9 月 10 日至 10 月 4 日期间，全市共实现银行卡跨行交易 1.09 亿笔，交易金额 4 318.75 亿元，同比增长 17.5%和 132.7%。其中 POS 机消费金额 1 402 亿元，同比增长 8.3%。

5. 管理方面指标

（1）项目过程管理

该指标的目标值为“0 事故”。为期 47 天的上海旅游节共推出 56 个项目，截至 2016 年 10 月 31 日全部项目顺利完成，无任何事故发生，指标完成率为 100%。

表 1－11　2016 年上海旅游节管理方面指标与实际完成情况

指标类别	跟踪指标	年度目标值	实际完成值
长效管理	项目过程管理	0 事故	0 事故
	项目长效机制的建设	建立有资金、人员、管理的 3—5 年规划	建立了部分项目机制，并有资金、人员、管理措施的 3—5 年规划
人力资源	管理队伍水平	负责本项目超过 2 年的员工比重达 80%	93.33%
信息化	信息化程度	运用网络共享、微信公众平台推广宣传达到良好效果	达到预期效果

（2）项目长效机制的建设

该指标的目标为建立有资金、人员、管理措施的 3—5 年规划。2016 年上海旅游节的项目为一年规划，并有资金、人员、管理措施保障，基本能保证当年的活动顺利完成，并在 2016 年制定了《上海旅游节发展“十三五”规划》。

上海旅游节每年举办时间相对固定，人员和资金安排也相对较固定。每年 11 月开始为第二年的项目做准备工作，政策方面由《上海市“十三五”规划》和《上海旅游节发展“十三五”规划》保障，所需资金从当年的经营结余中支出或者从当年的财政拨付资金中安排，策划和执行团队则是由一直负责该项目的相关人员组成。

（3）管理队伍水平

该指标的目标值为负责本项目人员中负责本项目时间超过 2 年人员的比例达到 80%。上海旅游节办公室基本人员共 15 人，上海旅游节历时 25 年，负责本项目超过 2 年的有 14 人，比例为 93.33%。

（4）信息化程度

该指标的目标值为运用网络共享、微信公众平台推广宣传达到良好效果。据统计，“乐游上海”微博账号发布上海旅游节相关微博 135 条，总阅读数超过 800 万，其中单条阅读数超过 10 万的有 12 条；微博的转发总数超过 10 万，点赞数近 6 万。在上海旅游节筹备和举办期间，“乐游上海”微博账号先后推出了两个话题，均登上微博热门话题榜，并在微博旅游话题榜上位列第一名。其中“乐游上海旅游节”这一话题总阅读数达 3 954. 9 万，总讨论数为 35. 3 万；“两个胡歌一座城”话题总阅读数达 7 944. 9 万，总讨论数为 28. 6 万。在上海旅游节期间该微博账号还进行了两次视频直播，内容分别是花车集结和开幕巡游。省级旅游局在其官方微博账号上进行政务直播这在国内还是首次，两次直播观看人数超过 3 万，反响十分热烈。“乐游上海”微信公众号自 2016 年 8 月中旬开始陆续推送上海旅游节活动内容，截至 9 月 30 日，共计推送 32 篇微信公众号文章，内容包括市级重点活动介绍、各区旅游节活动内容、主题式内容整合报道等，直接受众超过 30 万人，总阅读数超过 50 万，单条最高阅读数超过 4 万，评论数超过 100，被各平面媒体、网站、自媒体转载，总转载数超过 200 次。2016 年，组委会还建立了人员机构安排和管理措施方面 3—5 年的中长期规划，利于项目的可持续发展。

（二）项目绩效情况分析

1. 经济性分析

（1）资金

2016 年上海旅游节项目取得市财政局实际拨款 1 110. 55 万元（含政府采购与市财政国库直接支付投入 850. 75 万元）。

2016 年上海旅游节对项目的预算控制依据各项管理制度执行，项目经费支出整体控制较好，主要体现在预算执行率、专项资金使用率及直接用于活动的经费支出方面。截至 2016 年 10 月 31 日，实际支出经费共计 761. 489 4 万元（含政府采购投入 639. 842 4 万元），实际使用率 68. 57%（截至 10 月 31 日）。

表 1-12　2016 年上海旅游节的投入资金使用管理指标情况

指标类别	跟踪指标	年度目标值	实际完成值	完成指标度
投入管理	专项资金使用率	100%	100%	100%
	预算执行率	100%	68.57%	68.57%
执行管理	直接用于活动的经费支出	90%	98.50%	109%

（2）人力

上海旅游节主要由上海旅游节组委会管理，具体由原上海市旅游局综合处负责实施，因此负责该项目的人员基本固定，其他协助人员，有的是临时借调，有的是服务外包。总体上是由最有经验的团队和以最优化的人员结构开展项目实施。

（3）物资

该项目是市财政拨付的经费支出类项目，旅游节组委会有部分自筹资金，也有少量历年结余，该项目以费用类支出为主，不允许购置固定资产。经对项目跟踪，我们发现该项目很少涉及物资的采购，部分宣传布置品等也是一次性使用，因此对物资的取得和使用无法评价。

2. 效率性分析

（1）该项目按照计划进行，全部活动已于 2016 年 10 月 31 日顺利完成。项目进度完全符合计划和要求。

（2）项目质量总体较高。社会各界，特别是旅游业界和游客市民均表示满意，对上海的旅游形象的塑造起到了正面作用。

（3）现有的相关制度措施对实现目标的保障

① 数量方面

针对市民游客参与度、本市各区县活动覆盖率、活动总数量，没有相应的过程管理、控制、考核及纠偏制度措施。

② 质量方面

针对媒体参与增长率、外省及海外代表和参演团参与增长率、城市形象提升度，没有相应的宣传的方式、措施、管理、效果考核及改进制度措施。

③ 时效方面

针对活动举办准时率没有相应的活动申报、变更、退出方面的约束机制。

针对市民游客知晓度没有相应的考核办法和改进制度措施。

针对游客市民的满意度、旅游业界的满意度没有相应管理考核办法、差异控制及实施的制度措施。

3. 效益性分析

表 1-13　2016 年上海旅游节效益性指标

指标类别	跟踪指标	年度目标值	实际完成值	指标完成度
经济效益	客房出租增长率	5%	7%	140%
社会效益	市民游客知晓度	75%	79.35%	106%
满意度	市民游客满意度	75%	82.63%	110%
	旅游业界满意度	85%	92.19%	108%

（1）客房出租增长率

这一指标的完成度为 140%。该指标反映了旅游节的经济效益，是宣传效果的一种体现，它对项目的中长期发展有指示性作用，从指标完成度可以看出上海旅游节对上海经济的推动作用。

（2）市民游客知晓度

这一指标的完成度为 106%。该指标反映了财政资金投入的项目在市民游客中的知晓情况，是宣传效果的一种体现，它对项目的中长期发展有指示性作用，从指标完成度可以看出资金使用效果是较为明显的。

（3）市民游客的满意度

这一指标的完成度为110%。该指标是项目举办的目的之一。满意度的高低反映出举办的效果，为项目的后续开展指明了方向。从指标完成度可以看出资金使用效果在该方面是较好的。

（4）旅游业界的满意度

这一指标的完成度为108%。该指标是项目举办的另一目的。该指标的高低与市民游客的满意度的高低反映出活动的效果，为项目的后续开展指明了方向。从指标完成度可以得出资金使用效果在该方面是非常好的。

五、上海旅游节市场绩效的纵向比较分析

上海旅游节作为当今上海比较有影响力的大型节庆活动，对上海旅游市场的影响是有目共睹的。本节将从入境旅游市场、星级饭店接待和假日旅游市场三方面对上海旅游节的市场绩效作一个简单的阐述。

（一）上海旅游节对入境旅游市场的影响

1. 上海旅游节举办期间来沪入境游客情况分析

上海旅游节经过29年的发展，其产生的及时性、持续性效应以及对上海旅游行业的拉动和影响逐渐显现。在连续性数据内容统一的基础上，通过对2004年至2018年，每年9、10月份的来沪入境游客数这一指标的统计数据的综合性比对，可得出近年来上海旅游节各项活动的举办而产生的对来沪入境游客数量变化发展的影响（见表1－14）。

表 1－14 2004—2018 年，每年 9、 10 月份来沪入境游客数（万人次）

年份	来沪入境游客总量	占全年的比例	外国游客入境量	港澳台游客
2004	72. 836 4	18. 90%	61. 161 4	11. 675
2005	82. 055 2	18. 46%	71. 088 6	10. 966 6
2006	86. 168 7	18. 55%	74. 996	11. 172 7
2007	94. 976 5	18. 26%	82. 159 2	12. 817 3
2008	96. 410 2	18. 31%	80. 701	15. 709 2
2009	96. 620 4	18. 11%	80. 260 9	16. 359 5
2010	153. 596 9	20. 93%	122. 807 3	30. 789 6
2011	125. 190 9	18. 72%	105. 638 1	19. 552 8
2012	139. 079 2	17. 38%	96. 381 8	19. 456 1
2013	142. 109 2	18. 76%	99. 107 5	19. 460 3
2014	142. 926 1	18. 06%	98. 486 0	21. 032 2
2015	144. 340 8	18. 04%	104. 095 8	19. 071 7
2016	158. 581 1	18. 56%	112. 984 4	21. 657 1
2017	158. 552 2	18. 16%	114. 174 3	21. 629 0
2018	165. 759 9	18. 55%	120. 049 0	24. 487 2

资料来源：上海市文化和旅游局《上海旅游统计》（2004—2018）。

从表 1－14 可以看出：

（1）从 2004 年开始，每年 9、10 月份的来沪入境游客数量总体呈现持续上升趋势，绝对数值从 2004 年的 72. 83 万人次增长至 2018 年的 165. 75 万人次，总体涨幅达到 127. 58%。2010 年受上海世博会带动，两个月的入境游客人数更是达到了 153. 59 万人次，创历史最高纪录。此外，在上海旅游节举办的 9、10 月份，来沪入境游客数量基本占全年来沪入境游客数量的 18% 以上，形成了上海入境旅游的一个小高峰。

（2）从来沪入境游客的结构来看，每年 9、10 月份的来沪入境游客中，外国游客占了 8 成左右，远超港澳台游客数，这一比例在 2004 年至 2018 年这15年间，基本未出现大的波动。

总的来说，上海旅游节已成为上海都市旅游的重要产品，并在国内外具有了一定的知名度和影响力，成为吸引境外游客的重要旅游产品。在上海旅游节举办期间，其对境外游客来沪旅游的短期拉动效应较为明显，并整体呈现平稳中小幅上升的态势。

2. 上海旅游节对上海入境旅游市场的影响

（1）从上面的分析可以看出，上海旅游节举办期间，来沪入境旅游人数明显增长。从长期的发展来看，上海旅游节自1990年创办以来，年年办、年年新，既形成了一系列品牌活动项目，又推陈出新开发了新的活动元素、新的产品、新的内容和主题。在注重本土化发展的同时，上海旅游节不断提升其国际化水平，在国内外的知名度和影响力逐年提升，从而也促进了上海入境旅游市场的不断扩大，并带动了上海旅游业及相关产业的发展。

（2）从来沪入境游客的构成比例可以看出，上海旅游节组织者应采取“稳步发展国际入境旅游、快速拓展港澳台入境市场”的境外市场发展方向，有针对性地开展宣传推广和营销活动。近年来，上海旅游节组织者在每年7、8月份，联合上海国际艺术节、上海国际马拉松赛等上海市重要节庆活动和体育赛事，开展赴香港、澳门的宣传活动，取得了较好的效果。针对港澳台地区，营销推广活动应根植于文化的认同感；针对境外市场，营销推广活动重点应根植于上海旅游节的本土化、民俗化特色。通过有针对性的市场推广，进一步加强上海旅游节对于上海入境旅游市场的积极影响。总体来说，上海旅游节应该利用好上海国际化大都市这一平台，聚焦境外市场，走国际化的发展道路。

（3）从表1-5可以看出，2010年是上海旅游节发展过程中一个重要年份。当年的9月份和10月份，上海入境过夜旅游人数达到153.6万人次，同比增长 59%。通过上海旅游节 2010 年的各类总结和宣传资料也可以看出，在当年上海旅游节的举办过程中，组织者强化的就是与上海世博会的互动、互通。世博会花车参与开幕大巡游、花车巡游走进世博园、在世博园办婚礼等都围绕上海世博会进行。从一定程度上来说，实现了主题与上海世博会互通，活动与上海世博会互动，内容与上海世博会互融，宣传与上海世博会互补。这种借力的营销方式，对上海旅游节的宣传营销和品牌打造是有积极意义的。

（二）上海旅游节对星级饭店的影响

截至 2017 年底，上海共有正式评定的星级饭店 229 家，其中五星级饭店 72 家，四星级饭店 67 家，三星级饭店 66 家，二星级饭店 4 家。从分布状况来看，星级饭店主要还是集中在中心城区，其中四星、五星的高星级宾馆主要集聚在黄浦、静安、徐汇、浦东等中心城区的中心商务区。

每年上海旅游节的举办，为上海聚集了大量的人气，使上海成为人流、物流、信息流的重要集中点。每年上海旅游节举办期间，境外游客来沪数量增加明显，对上海星级饭店的客房出租率提升起到了积极的作用。

表 1－15　2001—2018 年上海星级饭店全年客房出租率

年　份	客房出租率（%）	同比增长（%）
2001	67. 47	3. 73
2002	71. 82	4. 3
2003	61. 09	−10. 7
2004	69. 05	8
2005	65. 64	−3. 4
2006	63. 89	−1. 8
2007	61. 48	−2. 4
2008	55. 44	−6
2009	50. 17	−5. 27

续　表

年　份	客房出租率（%）	同比增长（%）
2010	65. 70	15. 53
2011	55. 26	-10. 4
2012	56. 93	1. 67
2013	59. 18	2. 25
2014	63. 54	4. 36
2015	65. 54	2. 00
2016	68. 14	2. 60
2017	68. 76	0. 62
2018	67. 04	-1. 72

资料来源：上海市文化和旅游局《上海旅游统计》（2001—2018）。

从表 1 - 15 的数据可以看出，自 2001 年起，上海星级饭店的全年客房出租率均高于 50%。具体来看，除了 2003 年“非典”疫情对于旅游业造成重创而导致的客房出租率急剧下降，以及 2010 年由于上海世博会的举办而带来的星级饭店客房出租高峰外，近 20 年来上海星级饭店的客房出租率整体呈现下滑趋势，这与经济发展的大环境以及整个行业的发展趋势相关。

为了更好地分析上海旅游节期间星级饭店的客房出租率情况，我们选取了 2004 年至 2018 年 9、10 月份上海旅游节举办期间的客房出租率数据，并与全年的数据进行对比分析。从图 1 - 4 可以看出，每年 9、10 月份的星级饭店客房出租率均高于全年平均值，呈现出客房出租率的小高峰。其中，9 月份的出租率均比全年均值高 2%左右（2008 年 9 月的数据与全年数据基本持平），而 10 月份的客房出租率则更高，基本比全年均值高 5%以上，2007 年及 2010 年的数据较全年平均值更是分别高了 9%和 12%。从一定意义上说，每年上海旅游节的举办直接带动了上海各星级饭店的客源增长，客房出租率明显提高。

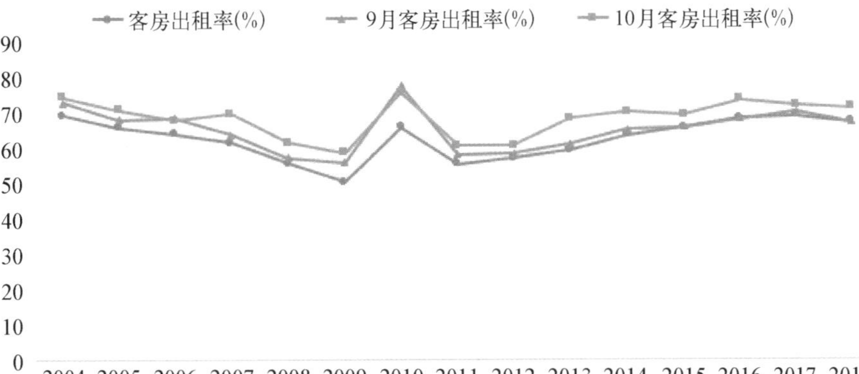

图 1-4　2001—2018 年上海星级饭店 9、10 月份客房出租率与全年比较

从上面的分析可以看出，上海旅游节对饭店业产生了积极影响，在星级饭店的客房出租率上表现得较为明显，这与近年来上海旅游节开展的便民利民活动和相关市场策略是有着紧密关系的。上海旅游节举办期间，上海的主要旅游景区（点）、星级饭店、商场、餐饮企业等都参与了打折优惠活动，其中饭店业的参与主体就是高星级饭店，有多家高星级饭店与上海旅游节组委会办公室合作，以一定的住宿和餐饮优惠让利来沪游客，时间跨度涵盖了国庆黄金周。企业一方面树立了良好的品牌形象，另一方面吸引了大量的优质客源，使其在旅游节期间的客房出租率的增长幅度明显大于其他中低星级的饭店。类似的便民利民的市场营销活动，都具有较强的市场影响力和广阔的发展前景，无论对上海旅游节还是企业本身，都具有十分积极的意义。

（三）上海旅游节对假日旅游的影响

1.“十一”黄金周假日旅游情况分析

近二十年来，上海“十一”黄金周假日旅游市场呈现出较快的增长势头。2001 年“十一”黄金周，上海共接待游客 321 万人次，实现旅游收入 15.53 亿元。2011 年“十一”黄金周，上海共接待游客 656 万人次，比 2001 年的接待量增加了至少一倍，旅游收入更是达到了 60.21 亿元，约为 2001 年旅游收入的3.9倍。2018年“十一”黄金周，上海共接待游客1 038万人次，比2011年的接待量增加了近60%，而旅游收入则达到了102.9亿元，是2011年的1.71倍。从数据的对比上看，近二十年来，上海的“十一”黄金周假日旅游市场发展迅猛，并实现了旅游接待人次与旅游收入的量与质的巨大突破。

2. 上海旅游节对假日旅游市场的影响

上海旅游节的举办时间为每年9月中旬的一个星期六至10月6日，其中有6至8天时间与每年的“十一”黄金周长假恰好重叠。上海旅游节对假日旅游的推动作用非常明显，原因有以下3点。

（1）上海旅游节作为一项全市性的大型都市节庆活动，尤其是其“人民大众的节日”的定位和本土化与国际化并重的发展思路，为其赢得了广大市民游客和社会各界的认同，知名度和影响力不断提升。上海旅游节每年的举办时间正好与“十一”黄金周重合，各类精彩丰富、参与性强的节庆活动成为广大市民及来沪游客的首选。关于这一点，从历年来上海市假日旅游工作联席会议办公室的“黄金周总结”中可以得到印证。

（2）上海旅游节具有较高程度的开放性和可进入性。每年的活动中，大多数都是直接面向广大市民和游客的，且基本不收门票。9月中旬上海旅游节开幕后，距“十一”黄金周的到来有半个月左右的时间，随着上海旅游节各项精彩活动的陆续开展，城市的喜庆氛围日益浓厚，为“十一”假日旅游起到了积极、有效的预热作用。

（3）“十一”黄金周期间，上海旅游节的各项活动渐入高潮，一批具有高知名度和品牌度的活动，如浦江彩船大巡游、国际音乐烟花节、都市森林狂欢节等重要活动的集中举行，极大地丰富了假日旅游市场，满足了各年龄段、各层次旅游者不同的需求，从一定程度上推动了上海“十一”黄金周假日旅游市场的持续发展和壮大。

（四）上海旅游节市场影响特点

自2000年以来，上海旅游节进入一个快速发展时期。在近二十年的发展过程中，上海旅游节通过不断挖掘都市旅游内涵与城市旅游资源，不断融合都市文化特色与城市发展元素，不断开发节庆产品、培育节庆精品，不断推进本土化与国际化互融、参与性与互动性互通，在国内外具有了一定的知名度和影响力，逐步为社会各界所知晓和认可。

1. 品牌知名度逐步提升

上海旅游节开幕大巡游、花车巡游暨评选大奖赛、国际音乐烟花节、玫瑰婚典、扬子江德国啤酒节、浦江彩船大巡游等品牌活动逐步发展起来，并成为上海旅游节的著名品牌活动。这些品牌活动的形成和持续发展，使上海旅游节的市场知晓度、知名度和国内外影响力得到了有效的提升，活动也得到了市场的广泛认可。

2. 游客关注度逐年提升

上海旅游节的产品设计开发，以市民游客的需求和参与性、互动性体验为首要考虑，逐步产生了一批参与性强、互动性高的活动，如花车巡游暨评选大奖赛、街舞大赛、浦江彩船大巡游、南京路欢乐周等。上海旅游节已经逐步成为广大海内外游客，特别是上海市民群众每年下半年所关注、期待、参与的一项最重要的节庆活动。

每年的上海旅游节均较好地与当年的国家或上海重大活动、重大事件和城市发展进程相结合，如北京奥运会、上海世博会、国庆60周年以及上海“四个中心建设”、国际邮轮港建设、上海进博会等，在上海旅游节的举办过程中均有不同程度的体现。通过上海旅游节相关活动的宣传和动员，这些重大的国家级活动或重要政治事件提升了影响或是凸显了其意义。同时，上海旅游节也通过与这些活动、事件的融合，达到了良好的宣传效果，获得了较大的市场效应和影响。

近年来，随着在旅游业地位的日渐提升，上海旅游节更加注重民生和便民惠民政策的落实。上海购物节、上海旅游美食节、宾馆饭店和景区（点）半价惠民等活动备受市民游客的青睐。通过惠民举措，上海旅游节的影响力更加深入人心，具备了较为广泛的群众基础。

3. 产品创新速度逐渐加快

上海旅游节在发展过程中始终坚持“创造新品、保留精品”的重要原则。近年来，每年上海旅游节都会推出几项新的产品和活动，并通过市场的检验，实现优胜劣汰；同时，对一部分具有初步影响力，正在逐步形成品牌的活动进行重点整合和包装，以新内容、新体验丰富其产品内涵。通过产品的创新与升级换代，上海旅游节在“三定”的大框架下，基本实现了年年求新、年年求变，给市民群众和海内外游客带来了全新的感受和体验，并产生了市场影响力。

4. 国际关联度逐步加大

上海旅游节致力于其国际化进程的逐步推进，并在近年来取得了较大突破。这主要体现在：第一，开幕大巡游、国际音乐烟花节等活动的国际化程度逐年提高，海外来沪的花车和表演团体、各类参展商的数量逐年提高。第二，上海旅游节国际知名度逐年提升，上海旅游节与美国玫瑰花节、巴西狂欢节、意大利威尼斯狂欢节、法国尼斯狂欢节以及世界节庆协会等世界知名节庆活动组织建立了良好的合作交流关系。2012 年，上海旅游节获评世界最佳节庆活动城市奖。第三，来沪参与上海旅游节各项活动的国外游客数量逐年增加，这方面的内容，本章第一节的第一部分已经作了相关分析和论述。通过国际化进程的推进，上海旅游节在国际上具有了一定的知名度和影响力，成为向海外营销上海都市旅游，宣传、展示上海城市形象的重要平台。

六、上海旅游节营销管理方面的改进措施和建议

（一）多邀请非上海本地媒体和新媒体，扩大旅游节的影响力

尽管每届上海旅游节邀请的媒体数量都有所增长，但媒体的相关报道以平面报道居多，报道内容也以开幕后的情况为主。从目前合作的媒体来看，大部分为上海媒体，国内其他地区媒体占比不到30%。建议应多邀请外省市媒体或者国外媒体通过各种形式来扩大上海旅游节的影响力。

（二）多邀请外省和海外观光团，扩大上海旅游节的影响力

通过加强对旅游节的宣传，邀请更多外省和海外观光团，扩大上海旅游节的影响力，让世界了解中国，了解上海，提升上海的城市形象。

（三）开发更多活动，扩大旅游节的影响力

开发和举办各类新的活动，增加活动的特色和吸引力，让更多的游客了解上海和中国，增强活动的参与性和互动性，让各年龄层次的游客和市民参与到旅游节活动中去，让旅游节真正成为人民大众的节日，从根本上扩大上海旅游节的影响力。

（四）建立旅游及节庆活动的标准体系

加快地方旅游法规建设，加大旅游法规宣传和执行力度，建立健全与国际通行规则相衔接的旅游服务标准体系，积极开展旅游服务标准化建设和国际质量认证，努力将上海打造成吸引力强、美誉度高、世界级景区集聚的国际都市观光旅游目的地，打造支付便捷、环境舒适、民族和国际品牌云集的国际都市时尚购物目的地，打造设施完善、服务优良、品牌优势突出的国际都市商务会展目的地，打造传承创意交融、节庆赛事荟萃的国际都市文化旅游目的地，打造环境优美、内涵丰富、魅力独特的国际都市休闲度假目的地，打造中转便捷、衔接顺畅、换乘快速的国际旅游集散地。

（五）学习国际知名节庆活动，培养节庆旅游专业人才

加快节庆旅游人才培养，壮大志愿者队伍。在上海旅游节市场化运作的同时，组委会还应该壮大节庆旅游人才队伍，特别是培养或引进节庆旅游宣传、策划和促销方面的中高级管理人才，同时还必须壮大上海旅游节的志愿者服务队伍。美国玫瑰花节每年就有 935 个志愿者参与，这也是其成功的秘诀之一。强大的志愿者队伍是一个地区甚至一个国家文明进步的标志之一，而节庆旅游在很大程度上所展示的就是地区或国家的文明程度。同时，志愿者的参与可以大大减轻上海旅游节人手短缺的压力，并在很大程度上降低整个节庆活动的运营成本，给节庆旅游的组织和协调带来便利。

（六）深化智慧旅游，利用科技手段推广上海旅游节

在科技手段与旅游产品深度融合的背景下，上海旅游节的宣传和推介平台要把握转型先机，合理分配旅游信息资源，保护旅游资源，提高游客环保意识，全力打造新颖的宣传合作模式，用科技手段提高旅游节影响力。

（七）进一步走市场化路线

旅游业的经济性特征决定了上海旅游节最终必须走向市场，只有市场才能实现其最终目标。因此市场化是上海旅游节未来发展的必由之路，也是其可持续发展的必要条件。从上海旅游节发展的全过程来看，企业参与度不断提升，市场化进程不断推进和政府角色不断转变。就发展周期而言，上海旅游节尚处在成长期，市场化进程处在起步和培育阶段，是推动旅游节发展的重要因素之一。

（八）借助“一带一路”的契机，吸引海外游客的广泛参与

“一带一路”倡议的提出，给上海旅游节的品牌输出、市场输入、技术输入和人才输入带来了重大契机。上海要借此优化旅游节的内容和办节方式，借助相关的产业竞争力培育新的消费增长点，挖掘文化特色潜力，实现旅游产品的错位互补发展，将上海旅游节与中国文化和中国元素相结合，推

向国际市场，吸引海外游客的广泛参与。上海旅游节还可以借助长江经济带强化长江流域的旅游产业集群，构建新兴旅游链条，选取长江经济带上的其他旅游城市的重点旅游资源进行组合包装，提升上海旅游节的国内知名度和参与度。

（九） 充分利用上海迪斯尼乐园的资源优势，推广上海旅游节

上海迪士尼乐园作为上海国际旅游度假区内的标志性景区，在2016年初建成，对上海旅游节产生了积极影响。一方面，上海迪士尼乐园充分借鉴了洛杉矶、奥兰多、东京、巴黎和香港等迪士尼乐园的运营管理经验，同时又融入高新技术、中国元素等，对上海乃至长三角地区的旅游业都起到了带动作用；另一方面，上海迪士尼乐园以及国际旅游度假区的建成，也使上海的酒店业、餐饮业、商贸业等基础设施水平有所提升，也能在上海旅游节期间为游客增添更多选择，带动上海旅游节的整体经济效益。

（十） 利用非物质文化遗产，扩大上海旅游节的影响力

在文化部第四批国家级非物质文化遗产代表性项目名录中，上海嘉定区南翔小笼馒头制作技艺、黄浦区本帮菜肴传统烹饪技艺均成功入选传统技艺类的国家级非物质文化遗产代表性项目。至此，上海已有10个项目入选传统技艺类的国家级非物质文化遗产，除了嘉定区南翔小笼馒头制作技艺、黄浦区本帮菜肴传统烹饪技艺外，还有浦东区宣卷、杨浦区绵拳、虹口区精武武术、长宁区古陶瓷修复技艺等。非物质文化遗产也是上海城市文化的重要组成部分，并且由于其特殊性较难让游客直接接触。所以，上海要通过上海旅游节加大对非物质文化遗产的宣传和保护，让更多的游客慕名而来，释放上海的文化魅力。

29年来，上海旅游节始终围绕“宣传城市形象、带动行业发展”的发展定位和目标，不断汲取世界著名节庆活动的举办经验和办节理念，不断在探索中寻求创新与突破，不断注重活动的参与性、互动性与体验性，不断注重发挥企业的主体精神，不断注重活动的市场效益，不断注重国际化品牌建设，已成为上海都市旅游的一项重要品牌，具备了广泛的社会基础，并在海内外具有了一定的知名度和影响力。

在上海建设卓越的全球化城市的大背景下，如何更好地发挥上海旅游节在提升上海城市形象、带动相关产业发展、整合资源、满足人民群众精神文化需求等方面的重要作用，依旧是摆在上海旅游节深化发展面临的重要课题。

胡歌代言上海，助力都市旅游品牌打造

在当今信息时代，人们被各种信息所淹没，大众的注意力变得更有价值。抓住消费者的注意力，成为营销成败的关键。由于名人具有较高的知名度和特殊的社会地位，借助名人来传播信息能吸引消费者的注意力、提高品牌识别度、增强广告效果，从而使品牌更容易被消费者记住并促进消费者产生对品牌的积极态度。因此，聘请名人作为地区、城市的旅游形象代言人逐渐成为一种流行的营销策略。为加快建设世界著名旅游城市，上海全面升级城市旅游营销策略，其中的一个重要举措就是：聘任胡歌为上海旅游形象大使，进一步助推城市形象和都市旅游品牌建设。

一、上海旅游形象大使概况

上海聘任旅游形象大使已有十余年的历史。2002 年 9 月 30 日，首届上海旅游形象大使评选活动尘埃落定。经过初赛、复赛的层层选拔和激烈角逐，1979 年出生的丁晓军，以清丽的外貌、流利的英语和法语在角逐中一举胜出，成为第一任上海旅游形象大使。在担任上海旅游形象大使期间，丁晓军一直忙得不亦乐乎——在上海国际旅游交易会亮相；随申博团远赴蒙特卡洛见证中国申博成功；担纲桃花节的“桃花信使”；主持多档旅游节目；拍摄《一生要去的 66 个地方》旅游系列片；为报社撰写游记，等等，为上海的旅游形象建设尽心尽力。

2003 年，20 岁的卢琤从 400 名参选者中脱颖而出，成为第二任上海旅游形象大使。此前她在一家和旅游相关的外企工作，原本只是抱着了解旅游业最新动态的目的参赛，却一路过关斩将，摘得桂冠。成为上海旅游形象大使后，除了参加原上海旅游局组织的各类旅游推介活动外，她在工作当中一有机会就向国内外游客积极推荐上海的各个景点和传统美食，努力为上海旅游业的发展作出自己的贡献。

2004 年，来自东方航空公司的空姐吴晓颖，成为第三任上海旅游形象大使。一年的任期内，她在上海世界旅游资源博览会上担任司仪；在上海“双拥号”邮轮上展示上海的形象；她巡回各地宣传上海旅游节、上海国际田径黄金大奖赛、F1 上海站比赛等；2005 年上海旅游节的开幕式上，人们又看见了她靓丽的身影。

2005 年，来自上海海事职业技术学院的焦莉臣成为第四任上海旅游形象大使。在一年的任期中，她参加了上海城市形象推广活动和众多公益活动，并参与上海旅游节花车巡游等活动。

2006 年 9 月 30 日，来自上海交通大学的胡姗姗凭借优雅气质、丰富内涵以及流利的英语征服了现场评委和电视机前的所有观众，成为第五任上海旅游形象大使，并在此后的一年中作为上海旅游形象大使参加上海旅游节和其他各项推介活动。[1]

图 2－1　胡歌接受上海旅游形象大使聘书[2]

---

[1] 新浪网上海频道. 魅力形象，精彩上海——记历届上海旅游形象大使 [EB/OL]. (2006－07－31). http://sh.sina.com.cn/20060731/110265855.shtml.

[2] 澎湃新闻. 胡歌受聘担任上海旅游形象大使，邀你领略上海的“大好时光”[EB/OL]. (2016－01－04). https://www.thepaper.cn/newsDetail_forward_1416503.

2016年1月4日，胡歌正式被聘为上海旅游大使。任期两年，代言费为零元，这是上海推出旅游形象大使以来首度启用明星代言人。同时，之前的形象大使均为民间投票产生，而胡歌则是上海市旅游主管部门首次直接聘任的。聘任胡歌作为上海旅游形象大使对于提升上海旅游的知名度，拓展旅游新媒体宣传的渠道并增强宣传效果，以及进一步助推上海城市形象和提升上海都市旅游品牌都具有重要意义。

二、选择胡歌作为上海旅游形象大使的缘起

2016年1月4日，原上海市旅游局正式聘任胡歌为上海旅游形象大使，并举办颁证仪式。上海滩名人辈出，上海旅游形象大使为什么选择胡歌？主要有以下几点原因。

（1）胡歌生于斯，长于斯，更能代表上海。1982年，胡歌出生于上海徐汇区。幼儿园时就被上海小荧星艺术团选中，14岁便成为上海教育电视台的小主持人，还曾在上海东方广播电台身兼多个栏目的主持人和记者。2005年，走过辉煌的少年时代，帅帅的追风少年几乎是顺理成章地考进了有“明星摇篮”之称的上海戏剧学院。胡歌生于上海，成长于上海，是个地地道道的上海人，也更能代表上海，适合作为上海旅游形象大使。

（2）胡歌粉丝众多，流量较大。胡歌是国内当红沪籍男明星，微博粉丝数近7 000万，微博平均转发量超过10万，评论数在20万左右，点赞数更是达到50万—70万。他曾获得大众电影百花奖“最佳新人奖”、北京丹尼国际舞台表演艺术奖“最佳男演员奖”等奖项。2015年更是凭借主演的谍战剧《伪装者》、古装剧《琅琊榜》、都市剧《大好时光》荣获中国电视剧飞天奖“优秀男演员提名奖”、上海电视节白玉兰奖“最佳男主角奖”、中国电视金鹰

奖“观众喜爱的男演员奖”、中国金鹰电视艺术节“最具人气男演员奖”等众多奖项，其影响力也不仅限于国内，《琅琊榜》还在海外一些国家引发了关注。

（3）胡歌公众形象好，美誉度高。胡歌走红十多年来，尤其是2015年爆红以来，几乎未见负面传闻。他能够在身价暴涨、知名度大增的情况下，长期维持“零差评”，无疑是因为自身素养过硬，这一点确实弥足珍贵。良好的公众形象和过硬的素质可以避免聘任期内出现不可预期的事件，不会给城市带来不必要的负面影响。

（4）胡歌精神气质好，符合上海的城市气质与形象。胡歌曾荣获共青团中央“全国向上向善好青年”称号。上海高度发达的现代商业都市氛围和文化气息培养了其时尚、精致、儒雅、都市化的优质偶像气质。胡歌是外表和实力兼具的明星，他不仅形象俊美，还具备一种坚定的思想力量、充满正能量的价值观和较高的文化修养。而上海表面的繁华，与其内在的刻苦奋进，也互为表里、互为因果。因此，胡歌符合上海的城市气质与形象。

（5）胡歌与上海旅游颇有渊源，乐于为上海发展贡献力量。2015年，原上海市旅游局与著名编剧王丽萍合作，共同推出了热播电视剧《大好时光》，在剧中胡歌饰演了一位积极向上的旅游从业人员，这让他与上海旅游结缘。在与胡歌的交流过程中，原上海市旅游局的领导和工作人员都真切地感受到他对上海这座城市的热爱，以及乐于为城市发展贡献力量的拳拳之心。正如胡歌在任命仪式上所言：“我能在这里作为一座桥梁、一扇窗户，通过我，让越来越多的朋友了解我生长的城市、走近这座城市、热爱这座城市，是我莫大的荣幸。无论荧幕前、荧幕后，台上台下，我也一定时刻记住自己上海旅游形象大使的身份，多给身边的外国友人、外地朋友讲讲上海的动人故事，让大家能来到上海，爱上这座城，爱上这座城里的人。”[1]

---

[1] 新民网．上海旅游形象大使胡歌：我是上海的“百度”［EB/OL］．（2016－01－05）．http：//shanghai．xinmin．cn/msrx/2016/01/05/29247707．html．

三、胡歌代言上海旅游的营销策略实施

胡歌担任上海旅游形象大使之后，拍摄了以他本人为主体形象的各类旅游宣传品和海报，录制了“四季上海”宣传音频、视频，并出席了上海迪士尼度假区开幕式和上海旅游节开幕大巡游。还以活动推广大使的形象亮相国际舞台，参加了2016“魅力上海”城市形象推广活动，向英国友人介绍自己的家乡上海，并成为“英国旅游局友好大使”，极大地提升了上海旅游的品牌形象。除此之外，胡歌还在新媒体平台上不失时机地推广上海都市旅游资源，吸引海内外游客亲身感受“爱上一个人，爱上一座城”的独特体验。可以说，胡歌为了推广上海旅游尽心尽力，其参与的主要营销活动有以下几个方面。

（一）参加聘任仪式，正式受聘为上海旅游形象大使

2016年1月4日，上海旅游形象大使聘任仪式在上海国际会议中心举行。胡歌从时任上海市旅游局局长杨劲松手里接过聘书，正式成为上海旅游形象大使。胡歌此次代言为期两年，不收取任何费用。在此期间，原上海市旅游局制作了以胡歌为主体形象的各种上海旅游宣传片、旅游宣传册和各类海报，用于国内外旅游宣传推广活动。同时，胡歌也参加了上海市旅游节、大型旅游推介活动等，并在微信公众号、微博和其他平台与公众进行亲密互动，拓展旅游新媒体宣传的渠道，加强营销效果。正如胡歌所言：“大家都说姚明是上海的高度，刘翔是上海的速度，而我是上海的百度。”

（二）参与拍摄《我们的上海》城市旅游形象宣传音乐片

2016年8月16日，原上海旅游局发布了一部上海城市旅游形象宣传音乐片《我们的上海》。此次短片的拍摄划时代地采用了VR格式和4K高清格式的双版本，尤其是VR版本的打造，为业内首创。这部五分半钟的短片拍摄耗时4个月，全片取景自上海近80处旅游景点，从飘着饭香的弄堂，到豫

园、滨江大道、上海迪士尼乐园，再到气势磅礴的黄浦江畔，以 360°全景画面+3D 立体的形式呈现，从建筑、人文、艺术等视角带领人们充分领略上海的魅力。片中胡歌依偎在外滩的栏杆边上远眺，或是在观光巴士顶层为游客贴心介绍，虽然前后露脸时间不过一分钟，但其高人气使得短片一发布即引起网络热议，将微博的评论区变成了影迷的聚集地，可以说人们用实践演绎“因为一个人，爱上一座城”。

（三）胡歌摄影作品登录“家・园”城市影像艺术展

2016 年 6 月，由上海市人民政府新闻办公室等单位牵头举办的“魅力上海”城市形象伦敦推广活动成功举办，以“家・园”为主题的影像艺术展是其中的重要一环。本次展览中有胡歌在伦敦举起相机的瞬间，也有他登上上海最高楼“上海中心”拍摄的一些作品，吸引了大批艺术爱好者和公众观展，很好地展示了上海的形象。胡歌回忆道：“站在高处看着脚下黄浦江时而模糊时而清晰的轮廓。尚未完工的 121 层还有很多施工的痕迹，不完美但真实，记录下的不仅是上帝视角下的上海滩，更是这个城市生长过程中的一个瞬间。”

（四）出席旅游节庆和推广活动

2016 年 9 月 10 日，上海旅游节开幕式暨开幕大巡游于上海淮海路盛大举行。入夜的淮海路，华灯璀璨，来自 19 个国家和地区的 25 辆花车和 31 支表演方队相继穿过拱门闪亮登场。充满特色的演出，多元文化的展示，把淮海路变成了一个欢乐缤纷的海洋和流光溢彩的世界！胡歌的压轴亮相也为开幕式绘上了精彩的一笔。2017 年 9 月 10 日，胡歌虽出于工作原因未能参加上海旅游节的开幕仪式，但是专门录制了视频，提醒游客遵守秩序，听从指挥，做文明观众，并为游客推介了上海的旅游景点、美食。其推介视频在上海发布、乐游上海等微博、微信平台发布，引起了广大游客的关注（见图 2-2、2-3）。

当地时间 2016 年 6 月 13 日下午，2016“魅力上海”城市形象推广活动在伦敦启动，此次活动由上海市政府新闻办公室、上海市教育委员会、上海

图 2－2　胡歌出席 2016 年上海旅游节活动

图 2－3　胡歌录制上海旅游节相关视频

市对外文化交流协会、英国文化教育协会共同主办，旨在向英国公众展示上海的历史底蕴和发展成果，展望上海与伦敦的友好合作前景。胡歌以上海旅游形象大使的身份亮相伦敦，助力上海城市品牌推广（见图 2－8）。胡歌表示："作为普通民众，宣传自己的家乡和国家的文化最好的方式是在任何地方做好自己，尊重别人才能受人尊重。作为一名演员，我的职业特性允许我有更多的方式宣传家乡，我希望能够通过我的作品向世界各地的人们展示我们的国家和文化。"[1] 上海是一座融汇了东西方文化的国际都市，胡歌为家乡的开放与活力感到自豪，作为上海旅游形象大使，他诚挚地邀请国际游客到上海旅游。同时，胡歌接受了英国旅游局的委任，出任英国旅游局友好大使。

为进一步深化长三角区域旅游合作，紧紧抓住国家"一带一路"倡议带来的机遇，加快推进长三角旅游转型升级，借2016中国国际旅游交易会的契机，原上海市旅游局联合浙江省旅游局、江苏省旅游局和安徽省旅游局于2016年11月11日在上海国际会议中心举办"长三角之夜——沪苏浙皖区域旅游推介会"活动。作为上海旅游形象大使，胡歌在活动中致辞，对海内外旅行商表示了欢迎，并借此向海内外宾客充分展示了上海。

图2-4　胡歌出席上海旅游形象大使蜡像揭幕

此外，胡歌作为上海旅游形象大使还参与了上海迪士尼乐园开幕仪式，从视觉、听觉、味觉等方面全方位介绍了上海迪士尼乐园。他还参加了上海杜莎夫人蜡像馆中的"梅长苏"和"上海旅游形象大使"蜡像揭幕仪式等（见图2-4）。

---

[1] 欧洲时报. 胡歌亮相伦敦参加2016"魅力上海"城市形象推广活动"［EB/OL］.（2016-06-17）. http://www.oushinet.com/qj/qjnews/20160617/233992.html.

（五）以胡歌为主体形象的各类旅游宣传品和海报

胡歌在担任上海旅游形象大使的两年时间里，原上海市旅游局制作了以胡歌为主体形象的各类旅游宣传品，包括《胡歌带你游上海》旅游图册、《胡歌邀你领略上海的“大好时光”》专题宣传片和海报等，这些宣传品投放到市场后受到了游客们的喜欢，对上海的旅游营销升级和城市形象塑造起到了积极作用（见图2－5）。

图2－5 以胡歌为主体形象的上海旅游宣传海报

（六）参与网络平台互动，拓展新媒体营销渠道

胡歌担任上海旅游形象大使期间，通过喜马拉雅FM音频平台、原上海市旅游局官方微博、微信“乐游上海”与胡歌的微信公众号及微博形成互动和联动，拓展了上海旅游新媒体营销渠道，升级了上海旅游的营销效果。

胡歌在喜马拉雅FM音频平台开设了“旅游代言人胡歌”的专辑，主题为“陪你遇见最美的四季上海”。内容主要包括“胡歌明明可以靠颜值吃饭，却做起了导游”“胡歌：上海之春，浪漫心情”“胡歌：上海之夏，凉风送爽”“胡歌：我在秋天等你”和“胡歌：上海之冬，火红团圆”五期节目。

上海市政府和原上海市旅游局官方微博和微信公众平台“上海发布”“乐游上海”等推送有关胡歌受聘担任上海旅游形象大使和参加上海旅游各项推介活动的新闻。胡歌也在其微博和微信公众号上积极转发和推送上海旅游的相关信息，全力推介上海旅游产品。胡歌的粉丝后援会微博和粉丝们积极转发和评论相关推介活动的报道。三者联动，实现了很好的互联网营销效果。

四、胡歌代言上海旅游的市场影响分析

（一）媒体争相报道，上海旅游刷屏各大媒体

2016 年 1 月 4 日，新年伊始，原上海市旅游局在上海国际会议中心举行仪式，正式聘任胡歌担任上海旅游形象大使，时任上海市旅游局局长杨劲松向胡歌授予证书。颁证仪式吸引了众多媒体争相报道，“胡歌代言上海”这一话题一时刷屏于各大媒体，在广大市民中引起轰动，也引发了国内外游客来沪旅游的向往，扩大了上海旅游营销的影响。

（二）在社交媒体引起轰动，网友积极参与相关话题讨论

胡歌成为上海旅游形象大使更是在网络上引起极大的轰动，迅速成为微博热门话题。“胡歌上海旅游形象大使”这一话题的阅读量达到了 4.4 亿次，共计 576.9 万用户参与了相关话题的讨论[1]（见图 2－6）。

胡歌发起或转发的有关上海旅游推介活动的 10 条微博，累计被转发 216 万余次，获得评论 30 万余次、点赞 214 万余次，浏览者更是不计其数，在社交媒体上取得了很好的宣传效果（见表 2－1）。无数粉丝和公众转发、参与相关微博和话题的讨论，产生了裂变式的传播效果，上海旅游一时成为广大网友

[1] 数据于 2019 年 5 月 20 日整理自微博话题：胡歌上海旅游形象大使。

图2－6 “胡歌上海旅游形象大使”的微博话题情况

讨论的热点。许多国内外游客纷纷来沪旅游，游览胡歌推介的旅游景点，品尝胡歌推介的上海小吃，在武康路等上海老街道徘徊，以期邂逅胡歌。

表2－1 胡歌微博关于上海旅游的推介情况

序号	主 题	形 式	时 间	转发数	评论数	点赞数
1	人民日报政务影响指数微博榜	转自“乐游上海”	2017年1月19日	900 389	22 800	86 393
2	杜莎夫人蜡像馆旅游形象大使蜡像揭幕	原创	2016年9月19日	113 911	34 533	264 242
3	上海旅游节开幕仪式	原创	2016年9月11日	366 372	33 970	166 160
4	我们的上海	转自“乐游上海”	2016年8月16日	160 685	27 185	119 833
5	上海遇见伦敦	转自“上海城世”	2016年6月16日	166 789	17 416	130 536
6	上海旅游伦敦推介活动	原创	2016年6月14日	191 234	39 692	392 780
7	上海旅游伦敦推介活动	原创	2016年6月7日	101 239	17 328	144 287

续 表

序号	主　题	形　式	时　间	转发数	评论数	点赞数
8	上海旅游伦敦推介活动	转自“乐游上海”	2016年6月6日	65 670	22 851	209 161
9	晒春游逛上海	原创	2016年3月18日	65 706	47 140	267 260
10	上海旅游形象大使聘任仪式	原创	2016年1月5日	31 267	41 138	359 980
总计				2 163 262	304 053	2 140 632

此外，胡歌携手喜马拉雅FM开设的“旅游代言人胡歌”专辑也取得了不错的收听效果，5期节目累计有355.7万人次收听，近8 000人订阅。“乐游上海”“上海发布”等微博、微信公众号发布的与胡歌相关的上海旅游推介信息也取得了巨量的转发和评论量，获得了较好的旅游营销推介效果和社会反响。

（三）助力上海旅游网络营销平台打造，有利于上海旅游营销长远发展

建设一个粉丝众多和具有较大公众影响力的营销平台是上海旅游营销可持续发展的重要步骤。“乐游上海”微博账号是原上海市旅游局官方认证的对外信息发布的平台，截至2019年5月27日，共有粉丝超过396万。胡歌被聘任为上海旅游形象大使期间，“乐游上海”原创和转发了数十条与胡歌相关的上海旅游推介活动的微博，并积极与胡歌的微博账号进行互动，取得了广大网友的关注和同行的认可，逐渐成为同类型官方微博账号中活跃度最高的一个，被评为2016年人民日报政务指数微博影响力排行榜第一名。

（四）促进上海旅游业发展，助力上海旅游营销升级和城市形象塑造

2016年是“十三五”开局之年。上海旅游业紧紧围绕城市中长期建设发

展目标，深化都市旅游发展内涵，创新推进全域旅游发展，进一步优化布局、完善功能、提升能级，加快产业转型升级，注重产业融合共享，积极打造具有全球吸引力的旅游产品体系、具有全球竞争力的旅游产业体系、具有全球配置力的旅游市场体系，旨在建成具有全球影响力的世界著名旅游城市。为此，上海全面升级城市旅游营销策略，其中一个重要举措就是聘任胡歌为上海旅游形象大使，进一步助推城市形象和都市旅游品牌建设。

胡歌担任上海旅游形象大使的两年时间里，上海的旅游业发展态势喜人。2017 年上海共接待游客 3.18 亿人次，实现旅游收入 4 485 亿元，比 2015 年分别增加了 15.22%和 27.95%，旅游产业增加值占全市 GDP 比重在 6.2%以上。2017 年上海共接待入境旅游者 873.01 万人次，入境旅游外汇收入 68.10 亿美元，该数据在北上广深四个一线城市中位列第一[1]。

上海正在逐渐成为全球最受外国游客欢迎的旅游城市之一。根据万事达卡公司公布的“2017 年全球旅游目的地城市指数”，全球最受外国旅游者欢迎的 20 个城市中，上海是中国大陆唯一的上榜城市。上海全球旅游目的地的形象基本树立，世界著名旅游城市的建设取得了阶段性成果。上海旅游业的发展离不开原上海市旅游局在旅游产品创新、旅游形象建设、旅游品牌打造和旅游营销方面的努力，聘任胡歌成为上海旅游形象大使就是原上海旅游局开展的极具影响力的活动之一。

（五）有利于胡歌自身树立良好的公众形象，提升自身品牌价值

胡歌成为上海旅游形象大使，聘期为两年，并不收取任何费用，对于上海旅游产品推介、旅游营销平台打造和世界著名旅游城市建设均产生了积极的影响。同时，零元代言上海旅游，对胡歌良好的公众形象的树立和维护也产生了积极的影响，有利于胡歌自身品牌价值的进一步提升，双方可谓互利共赢。

---

[1] 上海市统计局. 2017 年上海市国民经济和社会发展统计公报［EB/OL］.(2018-03-08). http://www.stats-sh.gov.cn/html/sjfb/201803/1001690.html.

“音乐+旅游”
——上海旅游营销新创举

上海是我国著名的旅游城市，2018 年接待国内外游客达到 3.5 亿人次，实现旅游收入 4 900 亿元。据携程旅行网发布的“2018 中国旅行口碑榜”显示：上海连续三年获得境内十佳目的地第一名的殊荣。作为中国旅游最为发达的城市，上海旅游业的高质量发展离不开一系列旅游推广活动的成功开展。近年来上海旅游主管部门努力创新旅游推广方式，联合长江流域的 13 个省市自治区创建“中国长江旅游推广联盟”，聘请上海崛起的美声流行音乐组合“力量之声”，为联盟的旅游推广大使，用音乐这一全球通用的语言讲述上海和长江的故事，取得了良好的营销效果。

一、选择与"力量之声"合作进行旅游营销的原因

（一）旅游营销进一步升级的需要

在人们对一般的旅游推广产生"审美疲劳"之际，新时期的旅游营销活动必须突破传统，加入新元素，使旅游推广更具有效性和影响力。原上海市旅游局顺势而为，针对新时期游客的需求和信息传播特点，进行旅游推广活动的升级，积极开展新型旅游营销活动，如举办上海世界旅游博览会和上海旅游节进行旅游产品推广，聘请上海会议大使进行会议旅游推广，以及聘请沪籍明星胡歌作为上海旅游形象大使进行名人营销等。为了进一步提升上海旅游推介的营销效果，原上海市旅游局再次创新营销举措，尝试用音乐推广上海旅游，借助"力量之声"组合开展一系列的旅游营销活动。

（二）"音乐+旅游"营销方式符合上海旅游精髓

旅游业是上海国民经济新的增长点，是与市民生活紧密相关的幸福产业，是打响上海"四大品牌"的重要抓手，也是提升上海城市能级和核心竞争力的重要支撑。上海旅游产业发展较为成熟，都市旅游资源丰富，南京东路、武康路等经典旅游景点独具魅力。上海正努力打造世界著名旅游城市。上海也是我国著名的时尚之都，无论是品牌聚集度还是时尚品的消费能力均在全国名列前茅。上海迪士尼乐园、佘山世茂洲际酒店、星巴克甄选烘焙工坊等均是国际性著名时尚旅游产品，是上海打造全球第六大时尚之都的重要组成部分。可以说"经典+时尚"是上海旅游的精髓，也符合游客心中关于

上海的意象。“力量之声”组合的音乐类型属于经典与时尚兼具的流行美声，以这一新潮的方式传递上海旅游的内涵，可谓恰到好处。

（三）“力量之声” 是众多新上海人的代表

为了达到更好的推介效果，旅游形象代言人或推广大使的选择要特别注意与所在城市或地区的渊源。例如，上海选择胡歌作为旅游形象大使是因为胡歌生于上海，在上海长大，并在上海工作和生活，其时尚、精致、儒雅、都市化的优质偶像气质与上海的城市特性符合，能够很好地代表上海。同样，“力量之声”组合三名成员宋罡、余笛、王志达，虽然分别来自辽宁、四川和山东，没有一个是土生土长的上海人，但是，三人均于上海音乐学院完成其本科和硕士学业，毕业后均留在上海工作，他们在上海学习和工作了十余年，已经深深地爱上了这座城市，代表了众多来沪求学后留沪发展的新上海人。

（四）“力量之声”组合气质较好，且乐于推介上海

“力量之声”组合三位成员身高均为 187 厘米，阳光、帅气是广大歌迷对他们的评价。他们把古典音乐和流行音乐很好地结合在一起，用更接地气的唱法来表达古典音乐，让普通听众也能欣赏美声。上海是一座开放和包容的城市，正坚定地走在建设全球科创中心和世界著名旅游目的地之道路上。两者都勇于创新，敢于尝试，并致力于成为相关领域内的佼佼者，气质十分相似。因此，选择“力量之声”组合配合开展上海的旅游推广活动能够取得更好的效果。

二、“音乐+旅游”营销策略实施举措

自上海实施“音乐+旅游”的营销策略以来，原上海市旅游局与“力量之声”组合开展了多次旅游推广活动，如拍摄《我们的上海》城市宣传 MV、

参加上海旅游节、开展旅游文化进社区和校园等营销活动。活动以音乐作载体，以上海文化旅游资源为内核，对上海文旅品牌进行了有效宣传，很好地展示了上海的旅游景点和人文环境。尤其是“力量之声”组合被聘为“中国长江旅游推广联盟”推广大使之后，他们深度参与上海及联盟其他省市的旅游推介活动，主唱宣传主题曲新《长江之歌》，远赴澳大利亚等国进行国际旅游推广，进一步扩大了推广活动的影响范围。具体旅游营销举措有以下几个方面：

（一）拍摄《我们的上海》宣传片，打造城市声音名片

音乐是无国界的文化符号和传播方式，用音乐推广旅游是新时期文旅深度融合的一种重要形式，能够起到很好的营销效果。

2016 年上海东方明珠电视塔迎新活动上，“力量之声”声情并茂地演唱了《我们的上海》，他们的歌声让听众在音乐中领略上海的魅力，也打动了正在现场的上海电视台负责人、著名导演滕俊杰。滕导和他的团队不禁畅想，如果用 VR 新技术将这首歌呈现出来，定会产生让人惊喜并感动的效果。于是原上海市旅游局和上海市电视台共同制作了一部上海城市旅游形象 MV《我们的上海》。此次 MV 的拍摄划时代地采用了 VR 格式和 4K 高清格式的双版本，尤其是 VR 版本的打造，为业内首创，五分半钟的短片拍摄耗时 4 个月。全片在上海近 80 处旅游景点取景，从飘着饭香的弄堂，到豫园、滨江大道、上海迪士尼乐园再到气势磅礴的黄浦江畔，以 360°全景画面+3D 立体的形式呈现，从建筑、人文、艺术等视角带领观众充分领略上海的魅力。2016 年 8 月 16 日，宣传片正式对外发布，迅速吸引了媒体、市民和外地游客的关注，成为网络热点，起到了很好的宣传效果。《我们的上海》成为上海响彻海内外的声音名片。

（二）制作相关主体形象的各类旅游宣传品和海报

除了用音乐宣传上海城市形象外，原上海市旅游局还丰富旅游宣传方式

图 3－1 “力量之声”在印有组合形象的旅游巴士前合影

和宣传内容，制作了多组以“力量之声”组合为主体形象的旅游宣传册和宣传海报。2017 年 5 月 19 日，喷绘有“力量之声”组合形象的春秋旅游巴士开始运营。同时，印有他们形象的宣传册也在各景区和旅游信息服务中心免费对外发放。[1]

（三）参与上海旅游节等活动的相关演出，用音乐唱响上海

“力量之声”组合作为全国首个流行美声（popera）组合，用美声唱法演绎时下通俗流行歌曲的表现形式，得到了广大听众的认可。2016 年，三人主唱的《我们的上海》城市形象宣传曲，打动了无数听众，三人也被誉为“上海的声音名片”。此后，上海的很多重要活动三人均压轴出场，用音乐展

[1] 统计数据来自上海旅游会展网. http://chs.meet-in-shanghai.net/marketing/download/downloads/downloads02.php.

示上海的魅力，将活动推向高潮。

2016年，“力量之声”组合参与到上海市及有关区县的多个大型节庆推广活动中，将《我们的上海》带到上海旅游节、中国旅游日上海主题活动、第四届国际起泡酒节、上海大学生旅游节、上海淀山湖旅游节、崇明森林旅游节、世界耐力锦标赛上海站开幕式等活动中去，并借2016年中国国际旅游交易会契机，献声“长三角之夜——沪苏浙皖区域旅游推介会”活动。

2016年9月10日，上海旅游节开幕式暨开幕大巡游在上海淮海路上盛大举行。入夜的淮海路，华灯璀璨，来自19个国家和地区的25辆花车和31支表演方队，相继穿过拱门闪亮登场。充满特色的演出，多元文化的展示，把淮海路变成了一个欢乐缤纷的海洋、流光溢彩的世界！在闭幕仪式上，“力量之声”重唱《我们的上海》，掀起活动现场的高潮。[1]

2017年9月10日，上海旅游节拉开序幕。此次上海旅游节花车巡游共有25辆花车，23支境外表演团队，有多个丝路沿线国家，其中，埃及、以色列等国家是首次派团参加。旅游节期间总计巡游里程1 500公里，约有130万市民游客沿线观看。“力量之声”组合在开幕式上演唱上海旅游节节歌《共同的节日》，并在闭幕音乐会献上《我们的上海》等经典曲目。

（四）开展旅游文化进社区活动，“音乐+旅游”走进人们生活

2016年11月，“旅游文化进社区”活动走进街头巷尾，除了传统的“四季上海”旅游创意市集暨非遗手工艺展示、上海旅游节摄影佳作展等活动之外，“力量之声”组合演唱会也在金虹桥商场举行，将《我们的上海》融入社区旅游宣传之中。活动以“和谐社区、文明旅游”为主题，旨在全面构建信息化、生活化、主题化的社区旅游宣传服务网络，全面提升社区旅游文化延展功能，通过各类群众喜闻乐见的活动形式实现旅游宣传进社区、旅游文化进

[1] 上海热线. 2016上海旅游节开幕大巡游在淮海路上举行［EB/OL］.（2016-09-11）. https：//hot. online. sh. cn/content/2016-09/11/content_ 8022626. htm.

图3－2　旅游文化进社区活动

社区、品质旅游进社区，全面推动社区参与上海城市形象和旅游文化创建活动。此外，“力量之声”组合还先后在东方明珠电视塔、上海市群众艺术馆、辰山植物园、外滩源、静安公园、锦江乐园、静安寺等广场、商场、公园、社区参与各类宣传推广活动。《我们的上海》成为上海精神的代表歌曲，为传统旅游宣传注入了新的亮点，“力量之声”组合也成为了上海的声音名片。[1]

（五）文旅深度融合，开展高雅艺术进校园专题音乐会

2016年，“力量之声”组合举行高雅艺术进校园专场音乐会二十余场，足迹遍布华东理工大学、东华大学、上海理工大学、上海师范大学、第二工业大学、上海电力学院、上海健康医学院、上海对外经贸大学等上海高校。“力量之声”组合用精湛扎实的演唱功底、活力四射的舞台表演让观看演唱

[1] 东方资讯. 2017来了：上海景点以这样精彩的方式开启新的一年［EB/OL］.（2017－01－06）. http：//mini. eastday. com/a/170106074705242－3. html.

会的师生们沉浸于流行与美声完美融合的独特氛围中。上海旅游形象推广歌曲《我们的上海》自推出以来，几乎成为每场必唱曲目。他们的歌声作为上海旅游宣传推介的新元素，让大众在音乐中领略上海的魅力，不仅传达出上海的经典与时尚，更带来让人感动、充满幸福感的人情味。此外，三位还在活动中讲述拍摄《我们的上海》的趣闻趣事，向同学们推荐了上海好吃、好玩的地方，使得演唱会变得生动活泼、别开生面。为配合在上海电力学院举行的旅游进校园活动，上海旅游部门还专门将宣传上海的旅游资料和旅游纪念品带到校园免费发放，受到师生们的欢迎。

2019 年，上海文化旅游音乐分享会升级，演出范围不再限于上海，进入了南开大学等外地高校，向全国的大学生分享有关上海和音乐的故事。

（六）受聘为“中国长江旅游推广联盟”推广大使，唱响《长江之歌》

为了推动共建“一带一路”和长江经济带发展，宣传长江旅游带沿线城市形象，2015 年 5 月 19 日，上海联合湖北、重庆、浙江、江苏、安徽、江西、湖南、四川、云南、贵州、青海及西藏等 13 个中国长江流域省市自治区成立了“中国长江旅游推广联盟”。联盟成员整合各方优势资源，积极开展多层次、全方位的旅游合作，推出了包括重庆至上海的“长江故事馆”、港澳至长江三峡的“长江丝路之旅”、成都至上海的“熊猫故乡+长江三峡之旅”等多条精品旅游线路，并力推这些产品入选“中国十大国际旅游品牌”，取得了很好的营销效果。2016 年 11 月 11 日，联盟聘请“力量之声”组合为“中国长江旅游推广联盟”推广大使。“中国长江旅游推广联盟”标识，口号“四季长江，一路风光”，宣传主题曲新《长江之歌》及音乐电视旅游形象推广宣传片在中国国际旅游交易会开幕之际首次向海内外旅游业界、媒体正式发布。在聘任仪式上，三人均表示感受到了肩上所背负的重任和使命，也表达了各自对于助力长江旅游推广和将长江旅游品牌发扬光大的信心和决心。

图 3－3　“力量之声”成员接受“中国长江旅游推广联盟”推广大使聘书

作为联盟的推广大使，组合未收取任何费用，还积极参与联盟的各项旅游推广活动。2017 年 4 月，2017 中澳旅游年——上海 · 湖北 · 长江旅游联盟文化推广活动暨“力量之声”组合演唱会在悉尼歌剧院成功举行，组合以“中国长江旅游推广联盟”推广大使身份出席活动，并为现场观众奉献了一台精彩的演唱会。2017 年 4 月，组合以“中国长江旅游推广联盟”推广大使身份出席“2017 中日邦交正常化四十五周年——上海 · 湖北 · 长江旅游联盟文化旅游推广活动”，并与“升龙道”观光大使中野良子女士共同献唱。

2018 年 4 月 24 日至 30 日期间，由中华人民共和国文化和旅游部组织的“美丽中国 · 2018 全域旅游年”港澳地区主题宣传推广活动和第六届澳门国际旅游（产业）博览会，分别在香港九龙东皇冠假日酒店和澳门威尼斯人酒店成功举办。借此契机，原上海市旅游局、湖北省旅游发展委员会、海南省旅游发展委员会三地携手，在香港和澳门先后举办了——2018 沪鄂琼两省一市联合推介会暨“力量之声”组合旅游音乐会，大获成功。[1]

（七）与企业合作，开展“寻找经典，乐在光明”活动

对于上海的市民而言，光明牛奶不仅仅是一瓶牛奶，也是上海人心里的一个老字号品牌，陪伴着许多市民健康成长的光明牛奶已成为很多人内心的一种情怀。光明乳业一直致力于海派文化的传承与推广，与原上海市旅游局合作推广也源于这一市场传播理念。颇为巧合的是，光明乳业代言人也是沪上新崛起的歌唱组合“力量之声”，这让本次合作更添亮点。“力量之声”为光明乳业专门创作了一首《光明之梦》，用激昂的歌声传递了光明乳业心怀感恩、一路向前，让光明照进梦想的美好愿景，诚挚地表达了光明乳业希望市民游客能够留下美好回忆，拥抱美好生活的祝福！

2017 年，原上海市旅游局与光明集团联合开展“寻找经典、乐在光明”活动，通过赏花踏青、经典重现、商旅文联动等主题活动，向广大市民游客展示了上海春季旅游主要亮点及美食、购物、展演等全攻略。活动分为线上和线下两部分，涵盖 5 条“寻找经典”线路和 38 个上海经典地标。活动期间，光明乳业为市民游客精心准备了丰富的赏春盛宴，市民游客只需登录“乐游上海”微信订阅号、微博，《旅游时报》微信订阅号中的任一平台，参与活动就有机会获得光明乳业提供的由上海旅游形象大使胡歌代言的光明产品。

三、“音乐+旅游”营销效果评估

原上海市旅游局别出心裁，创新旅游推广方式，利用“音乐+旅游”的

[1] 东方资讯. 用“音乐+旅游”创新形式打动港澳市场——2018 沪鄂琼两省一市联合推介会在香港及澳门成功举办［EB/OL］.（2018 - 04 - 27）. http：//mini. eastday. com/a/180427121513178. html.

营销方式，开展了众多的营销活动，获得了人们的认可，提升了城市品牌形象，吸引了众多国内外游客来沪参观旅游，促进了旅游产业升级和世界著名旅游城市的建设进程。

（一）旅游接待人数持续增长，旅游收入不断提高

近年来，中国旅游业发展的政策环境持续优化，居民收入的增高，“一带一路”建设、长江经济带发展等有效带动了游客的跨国和跨区域流动，上海的旅游业又迎来了一个发展的黄金时期。原上海市旅游局开展的旅游推广活动，尤其是聘请胡歌作为上海旅游形象大使进行名人营销活动和与“力量之声”组合合作开展的“音乐+旅游”营销活动，将上海的旅游产品和特色服务推向了市场，上海的旅游接待人数持续增加，旅游收入不断提高。2018年，上海全年接待国际游客 893. 71 万人次，国内游客 33 976. 87 万人次；全年入境旅游外汇收入 73. 71 亿美元，国内旅游收入 4 477. 15 亿元，旅游业发展态势良好。

（二）旅游品牌进一步打响，城市形象提升

上海旅游业“十三五”规划明确提出要进一步深化都市旅游发展内涵，加快产业转型升级，注重产业融合共享，积极打造具有全球吸引力的旅游产品体系、具有全球竞争力的旅游产业体系、具有全球配置力的旅游市场体系，建成具有全球影响力的世界著名旅游城市。拍摄《我们的上海》和在国内外舞台唱响属于上海的歌曲等一系列“音乐+旅游”推广活动有利于向国内外游客更好地展示上海的旅游资源和文化，有利于上海旅游品牌的打造和城市旅游形象的提升。

（三）网友热议，媒体争相报道

上海独特的“音乐+旅游”的推广方式，一经推向市场就获得了大众和专业媒体的认可。组合主唱的《我们的上海》和新《长江之歌》宣传片主题曲，不仅引起很大的轰动，给本地市民和外地游客均留下了深刻的印象，而且引发了广大网友的热议，让大家重新认识了上海，激发了国内外游客来沪旅游的热情。同时，“音乐+旅游”的营销模式也引起了众多媒体的报道，将上海旅游推广推向高潮。

表 3－1　“音乐+旅游”营销部分媒体报道

序号	单　位	报　道　标　题
1	东方卫视	2017 元宵晚会
2	环球网	“2017 中澳旅游年”——上海 · 湖北 · 长江旅游推广联盟文化推介活动在悉尼举行
3	新民网	中国旅交会今日开幕　长江旅游推广联盟标识首次发布
4	凤凰网	上海城市旅游推广《我们的上海》
5	新浪网	中国长江旅游推广联盟　赴长春推介四季长江旅游产品
6	上观	“四季长江，一路风光”，13 省市成员共推长江沿线旅游
7	央广网	长江旅游推广联盟成立　13 个省市组成跨区域推广团
8	人民网	“中国旅游日”惠民措施超三千条　长江旅游推广联盟成立
9	搜狐网	长江旅游推广联盟成立　13 省市组成秘书处设湖北
10	多彩贵州网	“力量之声”受聘为中国长江旅游推广联盟推广大使
11	吉林卫视 · 第一报道	长江旅游联盟走进吉林来“圈粉儿”
12	旅游资讯网	空中音乐会为 2016 上海旅游节画上圆满句号

（四）助力“力量之声”组合发展，实现多方共赢

“力量之声”组合自成立以来，致力于演唱普通听众都能听得懂的美声音乐，积极参与上海旅游推介活动，不断开展旅游文化音乐进校园、进社区、进医院等公益活动，并努力投身于“中国长江旅游推广联盟”的国内外旅游推介活动，受到了公众的认可。原上海旅游局和上海电视台组织创作的《我们的上海》成为听众熟悉的代表作。原上海市旅游局和“中国长江旅游推广联盟”为其提供了很好的演出平台和媒体资源：2016 年 12 月 31 日，组合于东方卫视跨年盛典献唱《我的祖国》；2017 年 6 月，东方卫视《看东

方》栏目对组合进行了专访并制作了“新生代·力量之声”专题节目——让世界听到我们的“跨界”之声；2017 年 12 月，组合出席《梦圆东方——2018 东方卫视跨年盛典》，在中共一大会址前唱响《不忘初心》；2019 年 2 月，在《长江之恋——长江流域十二省市春节联欢晚会》中，组合与钢琴家郎朗以及来自 12 省市的普通百姓一同在长江沿途著名景点唱响经典歌曲《长江之歌》；2019 年 3 月，组合在南京路步行街参与拍摄《我和我的祖国》快闪影片，精简版视频登上央视新闻联播……

同时，组合也获得了听众、专业机构和媒体的认可。2015 年，组合于第 32 届上海之春国际音乐节荣获新人表演奖；2017 年 1 月，组合荣获《新闻晨报》颁发的“2016 年上海影响力人物”大奖，演唱事业也不断取得突破；2017 年 12 月，作品《光芒》荣获 2017 年上海市“唱响主旋律”社会主义核心价值观优秀歌曲奖等。三人的演艺事业和社会评价均得到提升，多方共赢。

四、展望

原上海市旅游局通过找准音乐和旅游的最佳连接点，开展了一系列的“音乐+旅游”营销推广活动，让旅游成为更多人尤其是青年人向往的“美好生活”方式，也令上海这座城市以更具温度的方式，更深入地走进每个人的内心。未来，上海市文化和旅游局将进一步精心布局，积极谋划，通过多种创新手段，针对不同人群，进行有针对性的推介，提高上海作为世界著名旅游目的地的辐射力、影响力和吸引力，为加快建成世界著名旅游城市增添动力。同时，其他城市开展类似的“音乐+旅游”营销推广活动时，也可以参考上海的成功经验，在音乐表现方式、艺人选择和活动开展方式等方面要与城市的气质、旅游形象和受众等相匹配，达到最佳的营销效果。

“上海会议大使”
——会议旅游营销升级之道

会议旅游市场一直被人们认为是高端旅游市场，也是现代服务业中极具经济和社会叠加效应的消费市场。成功的会议不但能把所讨论的学科领域推向世界前沿，也能为举办城市带来丰厚的经济效益和高度的市场关注。可以说，“会议会展+旅游”的模式已经成为许多城市转型升级的新方向。然而，并不是任何城市都能成为会议旅游的目的地的，这既需要客观条件，也需要主观努力。每年全球大大小小的国际会议数以千计，举办的地点也不尽相同，在这些地点中有几个会议目的地总是被反复提及，比如日内瓦、达沃斯、巴黎、新加坡、纽约、布鲁塞尔等。纵观这些世界知名会议之都，不难发现成功举办国际会议的客观条件主要包括以下这些：便利的交通，最好有多条国际航线可以抵达；适配的会场与酒店，如拥有可容纳千人以上的大型会议场馆以及大量供与会者入住的中高档酒店；丰富的旅游资源，能够满足与会者短期、就近游览的需求。而所谓的主观努力，是指政府、企业和社团致力于会议目的地建设。

随着中国的国际地位不断提高，上海也举办了越来越多的国际会议。建设“国际会展之都”一直是上海城市建设的一个重要目标。2018年9月，上海市商务委发布了《上海市建设国际会展之都专项行动计划（2018—2020）》，提出到2020年，上海会展业配置全球资源能力进一步提升，基本建成国际会展之都，使“上海会展”成为国际知名的城市名片。近年来，越来越多高级别、国际性、专业性的会议来上海举办，如进博会、上交会、上海车展、工博会、医药展、华交会等，每一场重大会议都是一次提升上海会展影响力的巨大契机。特别是首届中国国际进口博览会的成功举办，成为推动上海会展业快速发展的强大引擎。它不仅提升了上海作为国际知名会展城市的影响力，更在无形之中加快了上海会展之都的建设步伐。

上海距离“国际会展之都”的目标越来越近，其中“上海会议大使”制度功不可没。“上海会议大使”制度是原上海市旅游局在借鉴国际成功经验的基础上，结合本土优势和上海特色，于2006年在国内首创的会展旅游发展促进制度，在上海会议旅游发展、城市品牌打造和旅游形象推广过程中起到了重要的作用。

一、“上海会议大使”简介

（一）“上海会议大使”设立背景

上海一直致力于建设国际会展之都，争取承办越来越多的重要国际会议，这对提升上海城市竞争力和影响力具有重大的作用，能够带动上海旅游业、服务业等相关产业的发展，能够促进学术、文化、科技、产业等各方面的交流。上海会展业的发展绝非靠一方面努力所能成就的。它是一项综合性很强又很艰巨的系统工程，需要整合各方资源，凝聚各方力量，让整个城市进一步融入国际社会，从而增强国际竞争力，促进城市经济、社会的全面发展。

根据世界知名会议之都的成功经验，会议大使的任命一般由该城市旅游会议局主办，牵手该城市突出领域的代表或隶属于国际协会的代表，以吸引并争取国内外的各类会议来当地举办。为促进上海会展旅游业的发展，加强上海旅游与本市各行业的融合，2006 年原上海市旅游局（现上海市文化和旅游局）在我国首次开展“上海会议大使”聘任工作。聘任的这些会议大使均为来自医学、科技等领域的学术精英和行业领军人物，在国际交流活动中具有很强的影响力。

（二）设立的目的和意义

“上海会议大使”聘请工作的目的是助力上海打造成为新兴的会议旅游目的地。大使们通过自身在国内外专业领域内的影响，在条件成熟的情况下，争取各类国内外会议来上海举办。上海市文化和旅游局则为“上海会议大使”们作好信息咨询和宣传推广等服务保障工作，配合他们到国际舞台上竞会、争会，并为那些已经确定来上海举行的国际会议提供后勤服务方面的保障，确保这些会议在上海成功举办，从而达到多方共赢的效果。

吸引并举办国际会议，能够提升上海的城市形象和知名度，增强上海举办国际会议的实力并提升国际竞争力；对上海乃至国内的相关行业和学术领域而言，能够促进国内外同行的交流，分享最新的科研成果和经验、达成国际共识，提升相关学科的国际学术地位，促进学科建设；对本地的举办单位而言，则能提升该单位的品牌形象和知名度；对会议大使而言，能够进一步树立其在该学术领域的学术地位和声望，并积累更多的国际交流经验。[1]

（三）“上海会议大使”发展历程

上海在 2005 年 10 月就开展了“上海会议大使”的准备工作，并于 2006 年 4 月 13 日进行了聘任仪式，为首批 7 位大使颁发证书。

“上海会议大使”不限国籍、地域、年龄和性别，其中不乏全国人大代表、全国政协委员和两院院士，他们绝大多数来自上海，少部分来自北京、杭州、南京等城市。2009 年，第四批“上海会议大使”中还首次出现了外籍人士，包括 TTG 亚洲旅游媒体集团董事总经理黄汉明（Darren Ng）、时任上海国际品牌酒店协会主席威廉（William Hall）、时任美国运通全球旅行服务总裁白施礼（Charles Petruccelli）等。

上海市文化和旅游局对“上海会议大使”的人数并未作限制，自 2006 年首次聘任七名“上海会议大使”后，每年都会新聘，且新增加的人数也不作限制。如 2007 年新增 17 人，以后几年的增加人数分别是：2008 年 12 人，

[1] 上海旅游会展网. 上海会议大使 [EB/OL]. (2017 - 01). http: //chs. meet-in-shanghai. net/events/conventions/meeting-ambassador-progra. php.

2009年16人，2010年9人，2011年10人，2012年10人，2013年8人，2014年8人，2016年8人，2017年6人，2018年6人。[1]

截至2018年，上海市文化和旅游局已经累计聘请116位“上海会议大使”。这些“上海会议大使”来自医学、城市建筑、信息、电子科技、半导体、物理学、生物学、植物学、国际关系、船舶工业、轨道交通、食品科学、经济学、心理学、海洋地质、艺术、地理、气象、航运、标准化等20余个学术领域，以及酒店、旅游媒体、会展、商务旅行等行业。他们在各自领域都是学术精英和领军人物，在理论和实践上都有较高的建树，在国际交流活动中具有很强的影响力。

二、“上海会议大使”的营销策略分析

（一）“上海会议大使”的选拔

1. 选拔流程

“上海会议大使”每年聘请一次，人数不限，任期为五年，到期后视情况考虑是否续聘。

每年在确定“上海会议大使”的开拓方向和重点领域后，上海市文化和旅游局会与相关领域的管理部门和科研院所等单位合作，就“上海会议大使”的推介进行情况说明和沟通，并由这些领域的负责人推荐人选。

此外，上海市文化和旅游局还会通过国际会议协会（ICCA）等信息数据库搜寻合适的人选。在初步确定候选人名单后，由上海市文化和旅游局向其发出书面邀请函。若候选人同意，上海市文化和旅游局相关负责人会逐一拜

[1] 新浪财经．解密上海会议大使：国内首创［EB/OL］．(2017－01)．http：//chs. meet-in-shanghai. net/events/conventions/meeting-ambassador-progra. php.

访，并经过平衡、协调，确定“上海会议大使”的初步名单，最后由上海市文化和旅游局审批确认。

2. 候选人应具备的条件

应聘“上海会议大使”的人士应具备以下条件：第一，为各学科领域的带头人和领军人物；第二，在相关国内、国际学术协会担任一定职务，并有较大的影响力；第三，具有一定的社会活动能力，并掌握较为丰富的国际会议资源；第四，愿意为上海会展旅游事业的发展和城市的推介尽力；第五，在未来2—5年内能够把促进上海社会经济、文化、科技、卫生等事业发展的国际会议争取到上海召开。

3. 召开聘任发布会，举办颁证仪式

“上海会议大使”的名单经批准后，都会举办“上海会议大使”颁证仪式，由上海市政府主管旅游的副市长或（副）秘书长，或旅游主管部门的领导为“上海会议大使”颁证。以2018年第十二批“上海会议大使”颁证仪式为例，颁证仪式在上海城市规划展示馆举行，时任上海市旅游局副局长程梅红出席仪式并颁证。历届“上海会议大使”颁证仪式的时间和领导出席情况见表4－1。

表4－1　2006—2018年上海会议大使颁证仪式情况

序号	批次	日　期	出 席 领 导	入选人数（人）
1	第一批	2006年4月13日	时任上海市政府副秘书长姚明宝	7
2	第二批	2007年4月26日	时任上海市副市长唐登杰	17
3	第三批	2008年6月30日	时任上海市副市长赵雯	12
4	第四批	2009年4月22日	时任上海市副市长赵雯	16
5	第五批	2010年10月20日	时任上海市副市长赵雯	9
6	第六批	2011年7月5日	时任上海市政府副秘书长薛潮	10

续 表

序号	批次	日　期	出 席 领 导	入选人数（人）
7	第七批	2012 年 8 月 15 日	时任上海市副市长赵雯	10
8	第八批	2013 年 9 月 25 日	时任上海市旅游局局长杨劲松	8
9	第九批	2014 年 10 月 31 日	时任上海市政府副秘书长肖贵玉	8
10	第十批	2016 年 11 月 1 日	时任上海市旅游局局长杨劲松	6
11	第十一批	2017 年 10 月 17 日	时任上海市旅游局局长徐未晚	6
12	第十二批	2018 年 11 月 9 日	时任上海市旅游局副局长程梅红	6
总　计				116

4. 媒体跟踪报道

“上海会议大使”制度受到了众多媒体的关注和聚焦，其后续效应在持续扩大。据不完全统计，人民日报、解放日报、新民晚报、新华网、新浪网、搜狐新闻、东方网、网易财经等我国主流媒体先后报道了“上海会议大使”这一创新举措，引发了社会热议。2007 年 8 月，教育部颁布了《中国语言生活状况报告（2006）》，公布了 171 个汉语新词，“会议大使”名列其中。

（二）建立“上海会议大使”管理制度

1. 上海市文化和旅游局

上海市文化和旅游局是上海市人民政府直属部门之一，成立于 1978 年，原名上海市旅游事业管理局；1997 年更名为上海市旅游事业管理委员会；2008 年 10 月，更名为上海市旅游局；2018 年 11 月，更名为上海市文化和旅游局。

原上海市旅游局的主要职责是贯彻执行有关旅游业的法律、法规、规章、方针和政策；研究起草本市有关旅游工作的地方性法规、规章草案和政策，并组织实施有关法规、规章和政策；根据本市国民经济和社会发展总体规划，编制本市旅游发展规划，制定旅游专业规划和年度计划；负责全市旅馆、旅行社、旅游景（区）点、旅游度假区、旅游资讯等各类旅游企业及旅游办事机构的行业管理与统计工作；研究制定旅游市场开发战略，培育和完善旅游市场；制定本市旅游形象宣传计划，建立国内外旅游宣传网点并确定年度宣传专题，重点推介本市大型旅游活动和旅游线路；指导重要旅游产品的开发工作；指导、协调旅游节庆活动；组织协调本市旅游及旅游相关会议、展览等有关大型活动；参与组织协调本市其他会议、展览等大型活动中的会务旅游活动；指导本市旅游企业及旅游办事机构的市场开发工作；监督、检查旅游市场秩序和服务质量，受理旅游者投诉，维护旅游者和旅游经营者合法权益；负责旅游服务配套设施的规划管理和开发指导工作。

近年来，上海一直致力于建设国际会展之都和世界著名会议旅游目的地。原上海市旅游局在会议旅游政策制度建设、会议旅游人才培养、行业发展引导等多个方面发力，为会议旅游发展保驾护航，其中聘请“上海会展大使”就是一项重要措施。

2. 上海市文化和旅游局国际旅游促进处

上海市文化和旅游局国际旅游促进处的主要职责是根据本市旅游发展的中长期规划，制定本市国际旅游市场宣传开发的年度工作计划并组织实施；组织上海旅游整体形象的海外宣传；组织、指导重要旅游产品的开发；组织国际旅游交易会等重大国际旅游促销活动，吸引并举办会展；负责海外旅游市场动态的分析、研究、预测；开展与海外旅游机构的合作交流；指导驻海外及海外驻沪旅游企业及机构的市场开发工作；协助“上海会议大使”做好竞办会工作。其中对“上海会议大使”的协助包括：与旅游相关的重大节庆、赛事活动，大使享有优先参与、观赏的权利；提供竞会标书设计、制作经费支持，提供旅游局竞会支持信；为“上海会议大使”竞办会提供上海城市宣传片以及各类上海旅游宣传资料册；根据申办各类会议需要，可派随同人员与大使及其同事前往申办地配合做竞会陈述；为与会代表免费提供上海旅游地图及其他旅游资料等；为“上海会议大使”竞办的各类会议提供其他相关支持。

3. 上海旅游会展推广中心

上海旅游会展推广中心负责“上海会议大使”的日常维系工作。上海市文化和旅游局保持同“大使”本人及其单位的联系，关心“大使”的工作和生活情况，并就“大使”的国际竞办会和办会工作进行不间断地沟通，及时了解和解决“大使”的相关需求。如在国际竞办会过程中，上海市文化和旅游局视情派出相关工作人员协助竞会，并配合“大使”做好标书、文档、城市推广资料等。由“上海会议大使”举办或承办的各类国内国际会议，上海市文化和旅游局将根据需要给予考察接待、资料提供和其他相关活动的支持。

如果“大使”在聘任期间做出有损我国国家利益的行为，上海市文化和旅游局将予以处理并撤销聘任。

（三）配合“上海会议大使”申请国际会议的举办权

上海市文化和旅游局积极、密切配合“上海会议大使”的国际竞会和办会工作，对标国际一流展会，细化竞会办会方案，落实工作责任，整合宣传力量，紧扣本地特色亮点，重策划、精加工，加大协调力度，有序推进并成功配合“上海会议大使”申请承办各类国际会议，例如：

2007 年 4 月 5 日，配合“上海会议大使”、国家新药安全评价中心副主任胡卓汉先生及其同行，为上海赢得第二届国际药物代谢协会亚太地区大会的举办权。

2008 年 8 月 27 日，配合“上海会议大使”、复旦大学附属儿科医院徐虹教授，为上海赢得第十六届 IPNA 国际小儿肾脏病大会的举办权。

2008年9月16日，配合“上海会议大使”、长海医院李兆申教授及其同行，为上海赢得2013年亚太消化系统疾病学术周会议的举办权。

2008年9月，配合“上海会议大使”、国家新药筛选中心王伟明主任及其同行，为上海赢得第九届亚太国际微分离分析学术会议的举办权。

2008年10月，配合“上海会议大使”、上海儿童医学中心刘锦纷院长及其同事申办2013年国际小儿肿瘤协会年会（未成功）。

2012年11月，配合“上海会议大使”、同济大学城市规划系教授潘海啸及其同事，为同济大学赢得2016年世界交通运输研究大会的举办权。

2013年5月，配合“上海会议大使”、上海交通大学医学院附属新华医院党委书记、新华儿童医院院长孙锟教授及其同事，为上海赢得2016年亚太小儿心血管会议的举办权。

（四）协助“上海会议大使”举办国内、国际会议

举办全国性、国际性会议无疑是提升城市知名度的有效方式。上海市文化和旅游局认真做好“上海会议大使”工作的意义也在于此，希望能够以此促进上海会展旅游事业的发展，加强上海在科技、医学、文化等领域的国际交流与合作。

上海市文化和旅游局组建专业团队为“上海会议大使”在办会过程中提供专业的咨询和服务，做好与“会议大使”的日常沟通、协调等维系工作，编撰“上海会议大使”的信息动态资料等。上海市文化和旅游局保持同“大使”及其所在单位的联系，关心“大使”的工作情况，与“大使”不间断地沟通办会工作，及时了解和解决“大使”的相关需求。据不完全统计，在过去的十余年里，相关专业团队已协助“上海会议大使”成功举办三十余个全国性大会，五十余个大中型国际会议（见表4－2），对上海旅游经济的可持续发展作出了巨大贡献。

表 3－2　2006—2016 年"上海旅游大使"成功竞办的全国性会议一览表

序号	会 议 名 称	举 办 时 间	"上海会议大使"
1	第三届上海国际图书馆论坛	2006 年 8 月 17 日—19 日	吴建中
2	第四届上海国际图书馆论坛	2008 年 10 月 21 日—22 日	吴建中
3	东方脑血管介入治疗大会	2008 年 10 月 31 日—11 月 2 日	刘建民
4	2009 年船舶暨设备国际标准化论坛	2009 年 6 月 6 日	童小川
5	国际问题双边和多边安全与战略对话	2009 年 12 月	沈丁立
6	第二十六届国际放射大会	2010 年 4 月 8 日—12 日	冯晓源
7	歌德斯通国际骨科学会第四十八届年会	2010 年 5 月 13 日—24 日	赵　黎
8	第二届长三角地区创伤国际研讨会	2010 年 6 月 24 日—26 日	陈峥嵘
9	第一届深海研究与地球系统科学学术研讨会	2010 年 6 月 28 日—7 月 1 日	刘志飞
10	第四届上海国际生物物理与分子生物学学术会议	2010 年 8 月 8 日—12 日	施永德
11	第五届上海（杭州）国际图书馆论坛	2010 年 8 月 24 日—27 日	吴建中
12	"贫困疾病新药研究"项目"生物技术与创新"主题专家会议	2010 年 8 月 31 日—9 月 2 日	王明伟
13	上海健康气象国际专家指导委员会成立暨 2011 年国际健康气象研讨会	2011 年 4 月 12 日—15 日	汤　绪
14	第二届北外滩财富与文化论坛	2012 年 3 月 19 日	花　建
15	第四届全国药物筛选新技术研讨会	2012 年 4 月 27 日	王明伟
16	第六届上海国际骨科前沿技术与临床转化学术会议	2012 年 5 月 19 日—20 日	戴尅戎
17	第二届深海研究与地球系统科学学术研讨会	2012 年 7 月 2 日—4 日	刘志飞
18	智慧城市与视听文化创新论坛	2012 年 9 月 27 日	花　建
19	中国消化病学大会	2012 年 9 月 20 日—23 日	李兆申
20	第八届全国小儿心胸外科学术交流会及国际儿童肺高压和心力衰竭研讨会	2012 年 10 月 16 日—19 日	刘锦纷

续 表

序号	会 议 名 称	举 办 时 间	“上海会议大使”
21	2013 年皇后镇分子生物学会议	2013 年 3 月 11 日—12 日	王明伟
22	2014 年皇后镇分子生物学会议	2014 年 3 月 13 日—14 日	王明伟
23	第一届经济发展与产业升级系列研讨会	2014 年 4 月 16 日—18 日	张 军
24	第七届上海国际图书馆论坛	2014 年 7 月 9 日—11 日	吴建中
25	第十六届全国眼底病学术会议	2015 年 3 月 5 日—7 日	许 迅
26	2015 年皇后镇分子生物学会议	2015 年 3 月 19 日—20 日	王明伟
27	第二届上海足踝运动损伤高级论坛	2015 年 10 月 23 日—25 日	陈世益
28	第六届上海航运交易论坛	2015 年 11 月 30 日	张 页
29	第三届船舶经纪人会议	2015 年 12 月 18 日	刘巽良
30	2016 年中国在线教育高峰论坛	2016 年 3 月 9 日—10 日	王明亮
31	2016 皇后镇分子生物学会议	2016 年 3 月 17 日—18 日	王明伟
32	2016 年中国航运 50 人论坛	2016 年 6 月 14 日	张 页
33	第八届上海国际图书馆论坛	2016 年 7 月 6 日—8 日	吴建中
34	第三届上海足踝运动损伤高级论坛	2016 年 7 月 7 日—9 日	陈世益

三、“上海会议大使”的营销效果分析

（一）吸引国际性、专业性会议来沪举办

近年来，通过“上海会议大使”及其同行们的努力，一批专业性强、层次高、规模大的国际会议在上海举行，如 2018 年亚太克罗恩病和结肠炎组织年会、上海之春国际儿科肾脏病论坛 2018、第六届全球云计算大会·中国站、世界计量经济学会中国年会、第十二届东方心脏病学会议等。2006—2016 年上海会议大使成功竞办的国际会议见表 4－3。同时，还有一批国际会

议已经确定来沪举办，如2019年皇后镇分子生物学（上海）会议、2019全国第八届眩晕与平衡学术年会、2019年第十三届东方心脏病学会议、2020年世界子宫内膜异位大会、2020年第八届梅尼埃及内耳疾病国际研讨会等。

表4-3　2006—2016年“上海会议大使”承办的国际会议一览表

序号	会议名称	举办时间	“上海会议大使”
1	第八届国际红斑狼疮大会	2007年5月23日—28日	陈顺乐
2	第三届国际小儿先心病学术交流会	2007年5月	刘锦纷、孙　锟
3	2007年亚太地区风荷载与风环境规范协调会议	2007年11月	葛耀君
4	第四届亚太地区手术减肥会议	2008年3月26日—28日	郑成竹
5	第十八届世界翻译大会	2008年8月4日—7日	张慈赟
6	第二十六届世界腔道泌尿外科大会	2008年11月30日—12月3日	孙颖浩
7	2009年国际桥协当代大桥学术研讨会	2009年5月11日—12日	葛耀君
8	第一届硫化氢生物医学国际会议	2009年6月26日—28日	朱依谆
9	第九届亚太国际微分离分析学术会议	2009年10月28日—31日	王明伟
10	国际泌尿外科学会第三十届大会	2009年11月1日—5日	孙颖浩
11	2009IEEE智能计算与智能系统国际会议	2009年11月20日—22日	毛军发
12	第二届中日韩民间交流论坛	2009年11月28日—29日	蔡建国
13	第二届全球季风国际会议研讨会	2010年9月13日—15日	刘志飞
14	上海—台北—香港—深圳城市文化交流会2010上海年会	2010年9月16日—19日	花　建
15	第十一届国际自身抗体与自身免疫学术会议	2011年5月12日—15日	陈顺乐
16	第五届国际骨科前沿技术与临床转化学术会议	2011年6月18日—19日	戴尅戎
17	第十九届国际地理信息科学大会	2011年6月24日—26日	俞立中

续 表

序号	会 议 名 称	举 办 时 间	"上海会议大使"
18	第十一届东方脑血管病介入治疗大会	2011 年 9 月 8 日—11 日	刘建民
19	第四届转型与经济发展国际双年会	2011 年 9 月 19 日—20 日	张 军
20	2011 年亚洲化学生物学论坛	2011 年 10 月 28 日	王明伟
21	第十六届亚太呼吸学会	2011 年 11 月 3 日—6 日	白春学
22	亚太光纤通信与光电国际会议	2011 年 11 月 13 日—16 日	迟 楠
23	中意双边关系研讨会	2011 年 11 月 25 日	花 建
24	"瓦尔代" 国际辩论部中俄分组会	2011 年 12 月 3 日—4 日	冯绍雷
25	第七届国际钝体空气动力学及其应用大会	2012 年 9 月 2 日—6 日	葛耀君
26	第三届调节 T 细胞和 Th 细胞亚群及在人类疾病中的临床应用国际会议	2012 年 10 月 13 日—16 日	刘中民
27	2013 年中国国际半导体技术大会	2013 年 3 月 17 日—18 日	陆郝安
28	第十届 IEEE 自动人脸和姿态识别国际会议	2013 年 4 月 22 日—26 日	吕宝粮
29	第五届国际原子力医学生物学学术会议	2013 年 5 月 7 日—11 日	施永德
30	第二十六届国际脑血流和代谢研究协会	2013 年 5 月 20 日—23 日	杨国源
31	第七届国际骨科学前沿技术与临床转化学术会议	2013 年 5 月 25 日—26 日	戴尅戎
32	第十六届国际儿科肾脏病大会	2013 年 8 月 30 日—9 月 3 日	徐 虹
33	第五届转型与经济发展国际双年会	2013 年 9 月 20 日—21 日	张 军
34	2013 年世界胃肠病大会	2013 年 9 月 21 日—24 日	李兆申
35	第六届中日韩民间交流会	2013 年 12 月 14 日	蔡建国
36	第三届国际结构风工程研讨会	2014 年 4 月 16 日—17 日	葛耀君
37	英国皇家大律师提摩西・杨船舶建造法律研讨会	2014 年 4 月 28 日	刘巽良
38	第五十三届国际粒子放射治疗大会	2014 年 6 月 11 日—14 日	叶定伟

续 表

序号	会 议 名 称	举 办 时 间	“上海会议大使”
39	2015 年中国（上海）国际半导体照明应用技术论坛	2015 年 3 月 11 日—12 日	杨卫桥
40	第九届上海国际骨科前沿技术与临床转化学术会议	2015 年 5 月 16 日	戴尅戎
41	2015 年世界移动大会 MWC	2015 年 7 月 15 日—17 日	赖立伦
42	第十三届亚洲泌尿外科学术会议	2015 年 9 月 3 日—6 日	孙颖浩
43	上海—台北—香港—深圳城市文化交流会议 2015 上海年会	2015 年 11 月 17 日—19 日	花　建
44	第八届中日韩民间交流论坛	2015 年 12 月 19 日	蔡建国
45	2016 年上海国际半导体照明应用技术论坛	2016 年 3 月 9 日	杨卫桥
46	第四届瓦尔代上海会议	2016 年 3 月 25 日—26 日	冯绍雷
47	第十届上海国际骨科前沿技术与临床转化学术会议	2016 年 5 月 14 日	戴尅戎
48	第五届国际康复医学与工程会议	2016 年 5 月 21 日—22 日	杨国源
49	第五届世界移动大会	2016 年 6 月 29 日—7 月 1 日	赖立伦
50	第四届地球系统科学大会	2016 年 7 月 4 日—6 日	刘志飞
51	第一届 Mayo Clinic——华山医院国际神经外科论坛	2016 年 7 月 8 日—10 日	毛　颖
52	2016 年世界交通大会	2016 年 7 月 10 日—15 日	潘海啸
53	第六届国际企业、经济学和伦理学学会世界大会	2016 年 7 月 13 日	陆晓禾
54	2016 年全球云计算大会	2016 年 9 月 20 日—22 日	张　明
55	第六届亚太光学传感国际会议	2016 年 10 月 11 日—14 日	毛　军
56	2016 年国际腔内血管学大会	2016 年 10 月 13 日—15 日	景在平
57	第十二届国际呼吸学会暨 ATS 联合论坛	2016 年 10 月 14 日—16 日	白春学
58	第六届亚太儿科心脏协会年会	2016 年 10 月 21 日—23 日	孙　锟
59	第四届船舶经纪人上海会议	2016 年 12 月 1 日	刘巽良

（二）带来显著的经济效益和社会效益

通过“上海会议大使”的努力，数百个国际性会议已在沪举办。这些会议的举办充分展示了我国在这些领域的研究实力，促进了国际间更加广泛的学术交流，同时，还对商业、旅游饭店业等会议相关产业的发展起到了拉动作用。2017年，国际关节镜-膝关节外科-骨科运动医学学会在上海成功举办，近5 000余人参会，仅酒店客房一项，就为上海酒店行业带来数千万元的客房收入，经济效益突出。

2013年11月2日—6日，国际大会与会议协会（ICCA）第52届全球年会在上海国际会议中心、世博中心、上海展览中心举办。本次ICCA全球年会是ICCA成立50周年以来首次在中国大陆举办，是ICCA历史上在欧洲地区之外举办的，与会人数最多的一次年会，来自全球60多个国家和地区的近千名会议旅游行业的精英和从业者与会。会场提供上海特色糖果；客房内布置憨态可掬的中国传统人物摆设；大堂吧每天举行古筝及中国传统茶艺表演；自助早、午餐中有上海阿婆制作的上海特色点心；还有在“中国之夜”晚宴上让所有嘉宾爱不释手的中国传统服饰样式的酒瓶套和折扇菜单，当嘉宾们得知是专门为他们准备的纪念品时，纷纷将其珍藏。此次会议为向世界展示上海文化和城市形象提供了一个重要的平台，取得了较好的社会效益。

（三）对提升上海会展业的国际地位具有重大意义

自2006年以来，随着“上海会议大使”制度的贯彻实施，以及政府主管部门、行业协会、会展企业、“大使”们及社会各方的努力，上海的会展业取得了突飞猛进的发展，举办会展的数量和质量稳步提高，会展场馆运营和管理更加成熟，会展人才队伍建设和培养得到加强，形成了健康的会展产业链。

（1）据上海市文化和旅游局国际旅游促进处公布的数据显示，2017年，上海共举办国际会议达687个，与会总人数294 617人，其中海外与会者人数达到40 174人，国际化程度较高。会议规模方面，参会人数达1 000人以上的大型会议共计60个，占比为8.7%，500—999人的会议57个。会议类型方面，公司会议206个，协会会议163个，专题研讨会及论坛278个，其他会议（包括政府会议）40个。[1] 需要注意的是，上海建设全球知名的科创中心举措的实施和相关领域“上海会议大使”的努力，对于吸引和举办科技创投类会议起到了一定的拉动作用，科技领域与创业投资领域的会议数量明显增加。

（2）会展市场的蓬勃发展进一步促进了会展场馆和会议型酒店的建设和管理的提升。目前上海主要会展场馆有9个，包括国家会议中心、新国际展览中心、世博展览馆、汽车会展中心、光大展览中心、展览中心、长风跨国采购会展中心、农业展览馆、世贸商城和东亚展览馆，室内总展览面积达75.35万平方米。2015年3月11日起，由国家商务部和上海市政府合作共建的国家会展中心全部场馆投入使用，它是目前世界上面积第二大的建筑单体和会展综合体，由上海博览会有限责任公司负责投资建设并运营，总建筑面积147万平方米，拥有40万平方米的室内展厅和10万平方米的室外展场，配套15万平方米的商业中心、18万平方米的办公设施和6万平方米的五星级酒店。

500人以下规模会议是上海国际会议市场的主力军，“上海会议大使”主持和承办的协会会议和公司会议一般参会人数为300—500人。近年来，上海形成了具有一定竞争力的众多会议型酒店，开发出了符合此类型会议特点的特色打包产品。截至2019年3月，上海共有五星级酒店72家，四星级酒店65家。会议旅游已成为各酒店的重要业务和重点发展领域。

（3）会展专业人才队伍的建设和培养，是会展业可持续发展的重要支

---

[1] 相关数据整理自原上海市旅游局提供的资料及2017年ICCA统计报告。

撑。据估计，目前上海现有注册会展公司 1 000 多家，直接从业人员有近 3 万人，其中约 60%的从业人员受过中等层次教育，约 30%的从业人员受过各种专业的高等教育。与十几年前相比，会展从业人员的数量和质量虽有明显提升，但是仍不能满足庞大的市场需求。截至 2014 年底，上海已有 47 所学校设立了会展专业或会展研究方向，其中本科 18 所，是全国从事会展本科专业教学并开设相关专业的院校最多的城市。此外，大专 21 所，中专 3 所，进修学院 5 所。每年都有源源不断的人才投入到会展业之中。

（四）为上海迈向“国际会展之都”助力提速

根据“十三五”规划，上海明确将建设“国际会展之都”列为城市功能定位之一。加快会展业升级，成为上海“十三五”期间培育经济增长点、提升城市品牌与国际影响力的重要举措。2019 年是“十三五”规划的关键之年。回顾过去的三年，上海离“国际会展之都”的目标越来越近。据上海市会展行业协会的统计，2018 年上海共举办国际、国内展览会以及各类会议、活动共计 994 场，活动总面积 1 906.31 万平方米，数量同比增长 18.05%，面积同比增长 8.04%。[1] 2018 年，上海共举办国际协会会议（ICCA）82 个，世界排名第 28 位，而 2006 年时上海举办的国际协会会议（ICCA）还只有 41 个（见图 4－1）。

上海要想成为“国际会展之都”，仅仅拥有规模庞大、技术先进的会展场馆是不够的。上海市政府于 2019 年 5 月印发《关于促进本市展览业改革发展的实施意见》，对上海建设“国际会展之都”提出了更高的要求：具有全球市场重要话语权；国际展览占全市展览总面积的比重达到 80%；集聚一批国际知名的展览业企业；引进培育一批具有国际领先水平的品牌展会。也就

[1] 新浪上海．上海打造国际会展之都，2018 年会展总面积 1906 万平方米［EB/OL］．（2019－02－20）．http：//sh.sina.com.cn/news/m/2019－02－20/detail-ihqfskcp6696872.shtml.

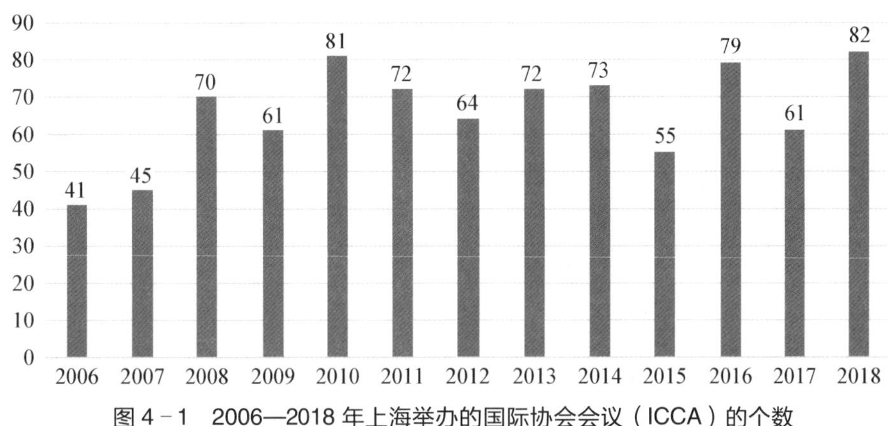

图 4－1　2006—2018 年上海举办的国际协会会议（ICCA）的个数

是说，除了硬件实力以外，上海会展业更欠缺的是具有世界影响力的王牌展会。世界百强商展，位列第一的德国拥有 50 个，是第二位中国的 3 倍，是后面 8 个国家总和的 1.1 倍。

“上海会议大使”项目为上海“争会”“竞会”提供了一个重要方式，也是上海建设“国际会展之都”的重要项目。项目聘任的“上海会议大使”，他们曾在各自领域里作出过杰出的贡献，并且在国内外享有无数荣誉，在国际学术交流中具有权威性的地位。更重要的是，他们非常愿意以自己在国际交流中的影响力，在国际会议机构中的声望，与上海旅游主管部门一起，为提升上海的城市形象，为争取在沪举办更多的国际性会议而不懈努力。聘请“上海会议大使”的制度自推出以来，为上海成功引进了百余场具有国际影响力的重要会议，多层次、高密度、全方位地在国际会展舞台上展示了上海城市形象，为上海迈向“国际会展之都”的目标助力提速。

（五）助力上海建设世界著名旅游城市

近年来，上海旅游积极融入城市建设总体布局，旅游供给进一步丰富和优化，旅游产业规模持续扩大，质量效益逐步提升。《上海市城市总体规划（2017—2035）》明确提出，将上海建设成为世界著名旅游城市。上海正努力提升旅游目的地形象，优化旅游营商环境，全力打响上海品牌，勇当新时代旅游发展的排头兵和先行者。上海在近年的各类全球旅游城市权威排行榜中居于前列，先后斩获“世界旅游大奖——2017 亚洲领先节庆及活动目的地”（世界旅游大奖组委会发布）、“2017 全球目的地城市指数——中国大陆最受外国游客欢迎城市”（万事达公司发布）等荣誉。

但是，对标国际最高标准，如纽约、巴黎、伦敦、东京这些国际知名旅游城市，上海旅游市场在国际化程度和高端人才的储备等方面还存在一定的差距。例如，2018 年纽约共接待游客 6 180 万人次，其中国际游客达到 1 260 万人次，占比为 20. 39%[1]，而 2018 年上海共接待国内外游客 34 870. 58 万人次，其中国际游客仅为 893. 71 万人次，所占比例仅为 2. 56%，国际化程度远低于世界著名旅游城市。

通过“大使”们的不懈努力，越来越多的国际性会议在上海成功举办。2017 年上海共举办国际协会会议 163 个，国际专题研讨会和论坛 278 个，吸引了大批的国际专家来到上海，带动了会议旅游和整个入境旅游市场的发展。2017 年，上海举办的 687 个国际性会议的总参会人数达到 294 617 人，其中海外与会者达到 40 174 人，较 2016 年增加了 3 631 人。同时，一系列的重要国内和国际会议也在一定程度上带动了上海商务旅游和大众旅游的发展。2018 年上海共接待国际游客 893. 71 万人次，是 2006 年的 1. 48 倍，实现国际旅游外汇收入 737 100 万美元，比 2006 年增加了 84. 27%（见图 4－2）。[2]

“上海会议大使”在国际舞台竞会和争会的过程，也是让世界认识上海的过程。上海市文化和旅游局“大使”工作组的人员配合“大使”做了一系

[1] 侨报. 纽约市中国游客量持续增长［EB/OL］.（2019－01－18）. http：//ny. uschinapress. com/spotlight/2019/01－18/160664. html.

[2] 根据 2006—2018 年上海市国民经济和社会发展统计公报相关内容整理制作。

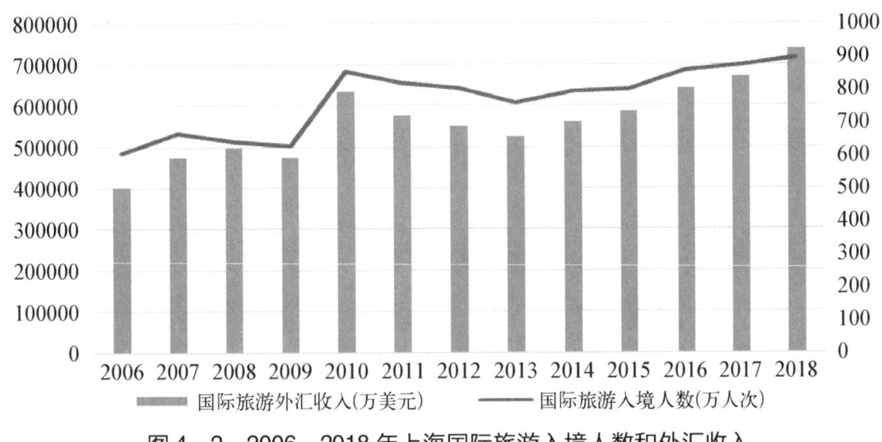

图 4－2　2006—2018 年上海国际旅游入境人数和外汇收入

列信息咨询和宣传推广等服务性工作，如制作的有关上海的视频，其中有大量有关上海城市文化、人文历史方面的内容，全面展现了上海丰富的旅游资源，如果能在申办会议时播放，效果一定相当震撼，既能提高竞会成功的概率，又能很好地展示上海。国内外高水平的国际会议的在沪召开，必将吸引大批专业的国际与会者来沪交流、旅游，提升上海的国际知名度和城市形象。同时，大型的高水平、专业性国际会议的召开，必将引起国际媒体的关注，提高上海的曝光率和知名度，吸引更多的国际游客来沪，助力上海建设世界著名旅游目的地。

四、“上海会议大使”的营销优化建议

（一）丰富“大使”所在的学科领域，扩展其来源渠道

截至 2018 年 11 月，上海共聘任了十二批次共计 116 位“上海会议大使”，这些“上海会议大使”来自医学、城市建筑、信息、电子科技、半导体、物理学、生物学、国际关系、船舶工业、食品科学、经济学、心理学、

海洋地质、艺术、地理、气象、航运等20余个学术领域以及酒店、旅游媒体、会展、商务旅行行业。他们在各自的领域中都是学术精英和行业领军人物，在理论和实践上都有较高的建树，在国际交流活动中具有很强的影响力。

但是，通过统计发现，116位大使中有50余位的研究领域为医学方面，占了近一半。大使的来源方面，更是有80%左右的大使来自医院和高校，政府、企业、非营利性组织等来源较少。今后在“上海会议大使”的选择上应丰富学科背景，开拓来源渠道，进而扩展来沪召开国际会议的领域，扩大影响力。

（二）充分挖掘“大使”的价值，进一步增强营销效果

“上海会议大使”的主要职责是争取具有世界影响力的国际性会议在沪举办。“上海会议大使”制度自设立以来，共为上海成功竞办了数百场国际性会议，产生了很大的经济和社会价值。国际性会议的召开对上海的入境旅游也会产生很大的后续影响，一次会议成功举办之后，很多参会者都会变成上海旅游的潜在客源，他们可能会带朋友家人来，或者带来商业机会。“我曾碰到很多参会代表参加会议以后又带着家人来上海旅游，这其实是非常好的广告，是我们花费几千万元投放硬广告达不到的效果，也是一个城市知名度慢慢积累的过程。”[1] 上海市文化和旅游局宣传推广处处长陈平说。

会议大使是城市的代言人，是展现城市的一张张名片。今后的工作是要继续深入挖掘会议大使资源，力争未来3—5年内吸引更多会展活动来沪，提高上海在国际会议市场的影响力。同时，会议大使的职责不应局限于竞会和办会，应充分挖掘大使的其他价值，利用好其在国际舞台的高曝光率。要通过“上海会议大使”，在国际场合讲好上海故事，发出上海声音，彰显上

[1] 新浪网. 解密上海会议大使：国内首创［EB/OL］.（2015－02－09）. http://finance.sina.com.cn/china/dfjj/20150209/102521507827.shtml.

海魅力，助力上海会议产业和会议旅游的发展，提升上海旅游知名度和城市形象，提高“上海会议大使”的营销效果。

（三）巩固营销效果，建立品牌会议

所谓的品牌会议，是要形成一个蝴蝶效应，使得外国的专家学者不请自来，主动分享成果。欧美的一些会议有固定模式，像美国临床肿瘤学会一般都固定在一个地方举办。由于参会人数多达三四万，并不是每个城市都能承办，所以最近几年都在芝加哥召开。中国自己发起的真正全球性的品牌会议还是太少。目前上海通过“上海会议大使”吴建中和王明伟团队分别培育了上海国际图书馆论坛和皇后镇分子生物学会议，形成了每年定期举办、具有国际知名度的会议品牌。

由“上海会议大使”、上海图书馆馆长吴建中团队主办的上海国际图书馆论坛在上海定期召开，已连续举办九届。通过近二十年的不懈努力，上海国际图书馆论坛已发展成为备受海内外图情界关注、影响深远的国际性专业学术论坛，为上海乃至中国图书馆事业的发展提供了一个切磋交流的平台，更为展示上海文化、旅游形象和城市品牌提供了一个很好的契机。2018 年 10 月，以“图书馆，让社会更智慧更包容”为主题的第九届上海国际图书馆论坛顺利召开，来自全球 24 个国家和地区的 292 位代表出席了论坛。本次论坛共收到来自 21 个国家和地区的论文近百篇，有 48 位代表在主旨演讲、大会报告以及专题交流会环节进行了交流。[1] 代表们介绍研究成果、学术进展和发展设想，交流学术观点、畅谈工作感想，也为上海建设智慧图书馆提供了丰富的理论和实践依据。

但是，这还远远不够，尤其是在会议大使比较集中的医学领域，中国自

[1] 澎湃新闻. 2018 上海国际图书馆论坛：图书馆让社会更智慧更包容［EB/OL］.（2018-10-19）. https：//baijiahao. baidu. com/s?id=1614736555266188713&wfr=spider&for=pc.

已发起的真正全球性的品牌会议还是太少。今后的工作重点不应仅仅局限于吸引国际性会议来沪召开，更应支持相关领域的“大使”主动出击，通过他们在相关领域的影响力，牵头召开国际性会议，建立品牌会议，并争取使上海成为国际性会议的永久会址。

上海旅游购物营销的前世今生[1]

1997年，上海率先提出“都市旅游”的概念，明确“上海旅游业发展的定位，应该是都市型旅游，上海旅游应具有融都市风光、都市文化和都市商业为一体的旅游特色”，并具体指出形成上海都市型旅游的特色：“一要充分利用人文资源和经济中心城市资源的优势，二要充分发挥城市新景观的作用，三要充分发挥城市的综合功能”[2]，从而明确了上海都市型旅游发展的方向。二十余年来，上海都市旅游发展的实践证明，融都市风光、都市文化和都市商业为一体的旅游发展理念不仅成就了上海都市旅游品牌的打造，也为上海全域旅游的发展奠定了坚实基础。

2017年12月中旬，在中共上海市委举行的一次学习会上，中共中央政治局委员、上海市委书记李强明确提出要全力打响上海服务、上海制造、上海购物、上海文化四大品牌。无疑，全力打响“上海服务”“上海制造”“上海购物”“上海文化”四大品牌，是上海实现高质量发展的重要路径。2018年4月24日，上海市委、市政府召开全力打响“四大品牌”推进大会。市委书记李强强调，打响“四大品牌”是上海以习近平新时代中国特色社会主义思想为指导，落实国家战略、着眼未来发展作出的重大部署，并进一步指出，“打响品牌”四个字，“打”就是要有措施、有行动，“响”就是要在国内外叫得响，“品”就是要质量高、品质好，“牌”就是要有竞争力、影响力。其中“上海购物”和“上海文化”品牌的打造无疑为上海旅游购物转型升级提供了千载难逢的绝好机会。“上海购物”重在增强体验度。

---

[1] 特别感谢上海市旅游纪念品展示中心赵湧先生对本文的大力支持和帮助。

[2] 高峻. 都市旅游国际经验与中国实践［M］. 北京：中国旅游出版社，2008.

创造更加便利的购物消费环境，汇聚更加丰富的全球高端品牌，打造更有特色的知名商业商圈，抓住中国国际进口博览会的重大机遇，把上海建成人人向往的购物天堂。“上海文化”重在展现标识度。丰富的红色文化、海派文化、江南文化是上海的宝贵资源，要用好用足，大力发展有竞争力和影响力的文化产业，支持文化展示、文化演艺、文化市场的发展，增强文化的辐射力、集聚力，使上海文化金名片更加闪亮。

如何抓住机遇，打造与世界著名旅游城市相匹配的旅游商品，并逐步构建和上海城市形象推广相结合的整合营销体系，值得关注与思考。本案例以南京路步行街、旅游纪念品设计大赛和上海礼物优选店为视角，管中窥豹，试图解读上海旅游购物营销的典型设计思路和独特营销技巧，并从旅游纪念品视角展望上海旅游购物的市场前景，以期为上海旅游管理部门和旅游购物营销主体提供决策依据。

一、南京路步行街——上海旅游购物的终身名片

1994年，黄浦区领导开始酝酿在南京东路开创上海第一条步行街的构想，提升这条驰名中外的商业街的品位，并拓展其旅游、文化功能。1995年5月1日，国务院宣布实行“双休日”工作制。同年7月15日上海试行周末步行街。此举问世，立即引起各方关注，吸引众多游人和顾客，一时出现百万人群逛大街的场景。

1998年8月20日，上海市领导到黄浦区召开南京路步行街专题工作会议，提出要完善步行街的购物、旅游、文化、展示、商务五大功能。9月3日，黄浦区城市规划管理局向法国、日本两家著名设计师事务所征集设计方案。10月10日，经专家小组严格评审，法国夏氏设计师事务所的方案设计“以人为本、华丽出采”中标。1999年9月，东起河南中路、西至西藏中路，全长1 033米，路幅宽20—28米，总面积约3万平方米的一期工程竣工开街。时任中共中央总书记江泽民题写“南京路步行街”的街名。

（一）南京路步行街概况

开始酝酿、构思于1994年的南京路步行街位于上海市核心区域黄浦区。南京路步行街以其悠久的历史传承、优越的地理区位、深厚的文化底蕴和“中华商业第一街”的身份，每天吸引着来自国内外数以万计的游人和顾客，在上海国际化大都市形成与都市旅游发展中都有着无法替代的作用。2015年南京路步行街被列入上海市风貌保护道路（街巷）推荐名单。南京路步行街的发展划分

为三个阶段，即“十里洋场”大马路、中华商业第一街和现代意蕴的步行街。

1.“十里洋场”大马路

南京路步行街是在上海开埠后租界不断扩张中逐渐形成的。随着外滩的频繁贸易，租界中一些来沪的洋人有娱乐要求，瑞麟洋行大班霍格等人于1850年最先在今南京东路、河南中路一带将80余亩土地辟作花园，设“抛球场”，又围绕花园筑跑马道。跑马场开张后，商贾逐利，争相趋至，地皮价格上涨，跑马总会将土地变卖获利，供商人经营开市。1854年第二跑马场（今浙江中路和湖北路以西，西藏中路以东）和1862年第三跑马场（今西藏中路西南和黄陂北路以东）相继建成，诸如香槟赛、金樽赛等名目繁多的赛马赌博彩票出售额每天约100万银元左右。

在城市现代化进程中，当时某一新事物往往先起于黄浦滩，发展在南京路。如1908年上海第一部有轨电车行驶于南京路，1912年上海第一家屋顶小花园游乐场“楼外楼”在南京路湖北路旁新新舞台屋顶开业，1914年上海第一条无轨电车线路通过南京路，1915年上海第一座大型游艺场新世界在南京路、西藏路口开业，1917年在今南京路浙江路口开出上海第一家大型环球百货公司，1918年“四大公司”之首永安大厦在南京路开业等。至20世纪30年代中期，南京路上的商号增加至277户，尤其是海外华侨来沪投资开设的先施、永安、新新、大新四大公司的出现，冲破了传统的商业模式。以先施公司为例，从铺面到四楼为商场，设23个大类商品部，经营商品达1万多种；六到七楼设先施乐园，汇集各类戏曲、歌舞表演和游乐设施，同时开设东亚旅馆和餐厅，融吃、穿、用、娱乐于一体。品类齐全、各具特色的商业设施与新世界游乐场、大光明电影院、仙乐斯舞厅、七重天舞厅等休闲娱乐设施奠定了南京路“中华商业第一街”的坚实基础。

2. 中华商业第一街

从1949年5月上海解放到20世纪末，南京路依然是上海的商业中心。

1991 年南京路上大店 68 家，如新华书店、上海华侨商店等；名特商店 63 家，如东海咖啡馆、扬州饭店等；老字号 18 家，如吴良才眼镜商店、张小泉刀剪总店等。1991 年“全国百家最大零售商店销售额排序”中，上海市第一百货商店名列第一，上海华联商厦位居第二。1992 年南京路上零售额超亿元的商店有 12 家，突破 10 亿大关的是第一百货商店和华联商厦。至 1998 年末，上海市第一百货商店股份有限公司连续 14 次夺得全国以零售为主的大型商业企业年销售额之冠。1999 年，南京路商业零售、餐饮、服务业销售额共计 1 123 956 万元、利润 18 940 万元、税金 15 298 万元、人均销售 565 500 元。

3. 现代意蕴的步行街

1995 年 7 月 15 日起上海试行周末步行街，吸引了众多游人和顾客，一时出现百万人群逛大街的场景，日人流量达 170 万人次，沿街商家调整商场布局、商品结构，发挥特色。周末步行街日营业额最高达 4 700 万元，是周一至周五平均营业额的 1. 35 倍。周末步行街为了方便逛街的行人，设立三个物品寄放站，免费出租童车、轮椅并设有儿童寄托站，推出一系列便民、利民服务。与此同时，南京路周边道路的改造工程快速进行，为建设南京路步行街创造了条件。

1998 年 8 月 20 日，上海市领导到黄浦区召开南京路步行街专题工作会议，提出要完善步行街的购物、旅游、文化、展示、商务五大功能，统一规划，分步进行，并将此列入市重点工程，由黄浦区政府负责实施。为建成一流的步行街，9 月 3 日黄浦区城市规划管理局向法国、日本两家著名设计师事务所征集设计方案，并走出国门到法国里昂、德国科隆、荷兰阿姆斯特丹等城市的步行街考察，寻找设计灵感。10 月 10 日，经专家小组严格评审，法国夏氏事务所的设计方案“以人为本、华丽出采”中标。同济大学建筑设计研究院、黄浦区城市规划管理局负责深化和施工设计，黄浦区建设发展有限公司承担施工建设。南京路步行街一期工程于1999年9月20日竣工开街。2013年，商街圈内有中华老字号企业56家，纳入统计的沿街商业企业66家，全年销售138.2亿元。

为推动南京路步行街向国际一流商业街迈进，黄浦区政府曾聘请国际著名咨询企业麦肯锡公司联手开展调查研究。从2001年3月开始，他们广泛收集资料，了解南京路历史和现状，考察香榭丽舍大街等国际著名商业街后，归纳出国际一流商业街具备的特征和关键要素，指出南京路在硬件和软件建设方面的差距，提出把南京路建成具有世界级客流量、商业收入和全球知名度的国际一流商业街的长远目标。麦肯锡公司在项目汇报书中，详细介绍了实施方案。2001年11月21日—22日，上海召开首届南京路论坛——“建设国际一流南京路”国际咨询会议，将南京路在“魅力永存南京路”这一统一主题下分为三个特色鲜明的路段，即外滩至河南中路的“海上情怀”段、河南中路至西藏中路的“都市时尚”段和西藏中路至成都北路的“明日之约”段。[1]

（二）商业业态优化调整凸显旅游购物营销重点

1999年3月，在市商委指导下，黄浦区经贸委负责步行街商业结构的调整，以高起点、高品位、发扬特色、开发功能为指导思想，通过政府导向引导企业按照步行街的特点进行业态、商品结构的调整，使商业布局更趋合理，经营特色更加明显，综合功能更进一步开发。调整重点是百货业，确定中百一店、华联商厦、新世界城保留综合百货结构，三大商厦各有侧重，错位经营；19幢商厦调整为“一楼一个专业”。20家有特色和发展潜力的名特商店得到扶植和改造，国华瓷器商店增加工艺瓷、旅游纪念瓷商品的比重。通过调整，步行街的“购物、旅游、休闲、商务、展示”等五大功能得到进

[1] 上海市地方志办公室．上海各街志［M］．上海：上海社会科学院出版社，2004.

一步突显。[1]

在上海市首批符合条件的27家退税商店中，南京路步行街上第一百货商店、东方商厦等9家商店名列其中，占比三分之一，见表5-1。

表5-1 上海首批离境退税商店一览表[2]

区域	离境退税商店	数量（占比）
南京东路	第一百货商店、东方商厦、茂昌眼镜总店、冠龙照相器材总店、亨达利钟表总店、上海第一医药商店、周大福珠宝、老凤祥银楼总店、新世界大丸百货	9（33.33%）
南京西路	新世界城、马莎百货、景德镇瓷器商店、芮欧百货、友谊古玩静安寺店	5（18.52%）
淮海中路	卡地亚香港广场店、天宝龙凤珠宝总店	2（7.4%）
豫园地区	豫园旅游商城华宝楼、豫园旅游商城天裕楼	2（7.4%）
田子坊	妩品牌田子坊1号店、守白文化田子坊总店	2（7.4%）
徐家汇	东方商厦徐汇店、太平洋百货徐汇店	2（7.4%）
陆家嘴	上海第一八佰伴新世纪商厦	1（3.7%）
虹桥	高岛屋百货有限公司	1（3.7%）
中环商贸区	友谊商店总店	1（3.7%）
赵巷服务业集聚区	百联奥特莱斯品牌直销广场、米格天地奥特莱斯	2（7.4%）
合计		27（100%）

（三）品牌店密集布局和更新换代彰显旅游购物营销策略

作为中华商业第一街，南京路步行街可谓名特商店高度汇集。许多冠名“第一”的商店集中在这条街上，如上海市第一百货商店、上海市第一食品商店、第一医药商店以及设于附近的第一五金商店等都聚于此。

[1] 上海市地方志办公室. 上海各街志［M］. 上海：上海社会科学院出版社，2004.
[2] 吴卫群.《购物满500元，境外旅客可退税》［N］. 解放日报. 2015-07-01（03）.

品牌店的更新换代也是旅游购物营销的一大策略。以第一百货商店为例，作为集购物、餐饮、文化、休闲于一体的全新城市综合体，第一百货商业中心近 12 万平方米的经营区域被全新划分成八大主题区：A 馆和 B 馆有大戏院、梧桐、弄堂、夜上海四大主题，C 馆有都市前沿、潮货颜仓、探索发现、慢生活四大主题。体现了“老”“新”“优”三大特点。

首先，“老”贵在传承品牌历史，注入发展活力。当年“不到第一百货，就不算到过上海”。时过境迁，今天的第一百货是如何为老品牌、老商品注入新的发展动力的呢？第一百货商业中心对老字号品牌给予了重点关注，一起深挖其潜能，在营销上给予更多支持。现在，许多优质老字号品牌依然在第一百货销售火爆，例如培罗蒙、老庙黄金、老凤祥、蓝棠等，老字号的影响力被进一步放大。同时，打造独特的海派商业文化氛围，引发广大市民的情感共鸣的“100 弄”和“100 里”已经成为上海旅游购物富有感染力的亮点。近日，“100 弄”推出“爱上海 · 忆生活”主题文化展，以 20 世纪七八十年代的上海城市生活记忆为线索，以第一百货的发展变化为脉络，展现人们生活的巨大变化，吸引了大量怀旧的消费者。7 楼的上海特色伴手礼商店应运而生，汇聚了近 20 家极富上海特色的老字号与创新品牌，包括国际饭店的网红蝴蝶酥、功德林的非遗素食、第一铅笔的中华牌铅笔、乔家栅的中华名小吃、上海制皂的蜂花檀香皂等。

“新”旨在聚集人气新热点。此次转型，第一百货对近七成的品牌进行了变更，引进了卡地亚、LAMER、CPB、YSL 等众多国内外潮牌之后，其品牌能级得以迅速提升，销量也同样得益，如 LAMER 开业仅 4 个月，销售额节节上升。C 馆引进的 Adidas 亚太中心旗舰店通过品牌本身的聚客能力和新颖炫酷的店铺形象，吸引年轻人前来汇聚。同时，还有许多年轻化且更亲民的品牌柜台入驻，比如 VDL、Banilaco、NE、BY、麦檬、达衣岩等。通过品牌的更新、体验元素的增加，第一百货目前的主力消费群体逐步年轻化，平均年龄在20岁至45岁之间。

“优”指提供优质服务。此次转型中，第一百货的优质服务又被赋予了全新的内涵。不仅全国劳模、市劳模依然在一线为顾客提供高品质服务，整个服务团队也都在不断自我提升，除了导购咨询、英语接待、手语服务、离境退税、会员服务、礼品包装、优惠停车等20余项基本服务项目外，还特别在高端女装品牌实施试衣提供一次性护妆头套等细节性的服务举措。通过多方努力，第一百货将南京路步行街支马路——六合路装饰一新，重新布置绿化与服务设施，为消费者和游客提供新的休息场所，让消费者和游客在夜晚也能在此欣赏夜景。此外，第一百货还上线了微信小程序，使线上线下的服务密切配合。

二、上海旅游纪念品设计大赛——上海旅游购物的新引擎

2005年12月18日，上海市旅游纪念品展示中心开业，标志着全国首个专业旅游纪念品展示和营销平台的正式形成。展示中心的建成并开业，为旅游纪念品设计者和厂商的产品推广和品牌建设提供了一个平台，既整合了旅游纪念品资源，规范了旅游纪念品市场和产品的定价，提升了产业能级，提高了产业集中化程度，又发挥了政府和行业协会的公共服务功能。

自2006年以来，由原上海市旅游局主办，上海市旅游纪念品展示中心和《旅游时报》社共同承办，上海老凤祥有限公司独家赞助冠名的上海旅游纪念品设计大赛，已连续举办了十三届，在激发上海旅游纪念品市场活力，提升产业竞争力，加快大赛作品的市场化进程，推动上海旅游纪念品产品发展等方面作出了巨大贡献。其中，上海老凤祥有限公司作为相传至今的百年老

店，发挥行业领先企业的市场导向作用。

1. 上海旅游纪念品设计大赛概述

连续举办了13年的上海旅游纪念品设计大赛，曾经诞生过多个在市场上叫好又叫座的作品，例如“外白渡桥”造型挂件、“环球金融中心”旅行衣架、“石库门”镶嵌照片挂件、“小笼包”调味组合等，都已成为广受欢迎的上海旅游纪念品。尤其是“涂游上海”“陆家嘴四高”红酒瓶塞、“旗袍折扇”这三件作品，在2015年“老凤祥杯”上海旅游纪念品设计大赛中获奖后，迅速被生产厂商“相中”，其中“涂游上海”于当年就转化为商品进入市场，并获得较好的销售成绩。上海旅游纪念品设计大赛不仅是孕育和发现上海优秀旅游纪念品的摇篮，同时也是年轻设计师通过纪念品设计了解上海、爱上上海的一个窗口。旅游纪念品设计大赛正在不断丰富海派文化、创新上海记忆。

2. 上海旅游纪念品设计大赛组织营销

（1）面向全社会征集

据统计，上海旅游纪念品设计大赛的获奖选手并非“上海专属”，在获奖的设计师中，有超过1/3的获奖选手来自外地，他们将自己对上海的理解和感情，通过旅游纪念品这一载体加以表达。

截至2017年6月30日零点，第十二届上海旅游纪念品设计大赛共计征集作品647件，网站浏览量44 732次。647件作品中，通过院校社群及视觉ME官方交流群征集来的作品共327件，占比超50%；由南通大学、常州大学、北京工商大学、北京工业大学、上海理工大学、厦门大学等择优推荐的作品109件，占比17%；各企事业机构设计师通过相关渠道参与报名的作品43件，占比7%；12人通过往届入围选手1对1推荐参赛作品12件，占比2%；其他参赛作品占比24%。2017年参赛选手共计379人，其中北京41人、上海58人、江苏86人、浙江18人、广东29人、江西16人、华中地区33

人、华北地区26人、其他省市72人。江苏、上海和北京三大省市的参赛选手数位居前三。

（2）引入导师制

上海旅游纪念品设计大赛自2016年开始引入“导师制”，邀请知名专业院校的专家教授和国内著名设计师担任大赛导师。每一位参赛者在报名参赛时都可以选择一位心仪的导师。导师不仅仅是在自己的“学员”中甄选出5名最有潜力的设计师，还将全程辅导他们从设计稿创作、作品优化及模型打样到最终的决选。

3. 上海旅游纪念品设计大赛媒体营销

（1）广泛宣传

上海旅游纪念品设计大赛注重全程营销。从大赛招募到线上推广，从初赛复赛到决赛，从作品展示及网络投票到大赛颁奖，每个环节都通过上海日报、东方网、爱奇艺、东方早报、中国网、上海工业设计协会网、光明网、和讯网、上海观察、人民网、中国新闻网、上海热线网、土豆网、凤凰网、网易网、新浪网、温州网、旅新网、中国经济网、上海政府网、青年网、上观网、新民晚报、文汇报、解放日报、未来网、华龙网、环球网、南海网、多彩贵州网、青年报、大申网、中国消费者网、澎湃网、东方财富网等相关媒体进行了报道或转载。2017年媒体相关报道见表5－2。[1]

表5－2　2017年上海旅游纪念品设计大赛相关报道

序号	媒　体	标　　　题
1	《旅游时报》	以“上海视角”展示海派文化
2	新华网	什么样的上海旅游纪念品才会让游客想要“买买买”
3	新华网	“老凤祥杯”第十二届上海旅游纪念品设计大赛启动

[1] 根据上海市旅游纪念品展示中心提供资料整理而得。

续　表

序号	媒　体	标　　题
4	新华网	什么样的旅游纪念品才会让游客肯花钱
5	中国网	“老凤祥杯”第十二届上海旅游纪念品设计大赛启动
6	中国网	什么样的旅游纪念品才会让游客肯花钱　上海旅游纪念品设计大赛启动
7	中国新闻网	什么样的旅游纪念品才会让游客肯花钱
8	中国新闻网	“老凤祥杯”第十二届上海旅游纪念品设计大赛启动　展现新的“上海视角”
9	旅新网	什么样的旅游纪念品才会让游客肯花钱　上海旅游纪念品设计大赛启动
10	《上海观察》	什么样的上海旅游纪念品才会让游客想要“买买买”
11	人民网	上海旅游纪念品设计大赛启动　全新“上海视角”演绎海派文化
12	新民网	用全新的“上海视角”演绎海派文化　上海旅游纪念品设计大赛启动
13	《新民晚报》	“上海视角”旅游纪念品设计赛启动
14	《文汇报》	上海旅游纪念品设计大赛启动
15	《解放日报》	什么样的旅游纪念品才会让游客肯花钱
16	东方网	沪旅游纪念品设计大赛启动　采用“择优推荐”机制
17	东方网	“老凤祥杯”第十二届上海旅游纪念品设计大赛启动　展现新的“上海视角”
18	东方网	什么样的上海旅游纪念品，才会让游客想要“买买买”
19	新浪网	第十二届上海旅游纪念品设计大赛启动
20	网易新闻	“老凤祥杯”第十二届上海旅游纪念品设计大赛启动　展现新的“上海视角”
21	爱奇艺	“老凤祥杯”第十二届上海旅游纪念品设计大赛启动
22	旅游视讯	新十二届上海旅游纪念品设计大赛启动
23	《旅游时报》	“老凤祥杯”2017 上海旅游纪念品设计大赛
24	《旅游时报》	十二件作品诠释独特“上海视角”
25	《旅游时报》	2017 上海旅游纪念品获奖名单公布
26	乐游上海	2017 上海旅游纪念品获奖名单公布

续 表

序号	媒 体	标 题
27	下次去哪儿	微 · 上海套装带回家
28	中国新闻网	上海旅游纪念品设计大赛颁奖 多功能礼仪笔抒写“上海记忆”
29	《新民晚报》	多功能礼仪笔抒写“上海记忆” 2017 上海旅游纪念品设计大赛今揭晓
30	《解放日报》	“夜上海纸雕灯”把申城夜景带回家
31	新华网	“夜上海纸雕灯”把申城夜景带回家
32	新闻综合	2017 上海旅游纪念品设计大赛颁奖
33	新闻综合	2017 上海旅游节旅游纪念品设计大赛结果出炉 展示不一样的上海“视角”
34	新闻综合	“薪火相传，匠人同梦”听“老师傅们”分享匠人与作品的故事
35	《青年报》	纸雕灯把上海“夜景”带回家
36	《浦东时报》	“浦东元素”成为上海旅游名片
37	上观新闻	纸雕灯把上海夜景带回家、陆家嘴高楼变身文具，酷炫旅游纪念品你最爱哪一款
38	大申网	夜上海纸雕灯把申城夜景带回家 沪特色旅游纪念品亮相
39	东方网	上海旅游纪念品设计大赛落幕 12 件作品脱颖而出
40	网易新闻	上海四高建筑变身文具投入市场 东方明珠等景区已开售
41	新民网	多功能礼仪笔抒写“上海记忆” 2017 上海旅游纪念品设计大赛今揭晓
42	上海头条	以城市四高建筑为外形的文具组合套装
43	澎湃新闻	上海“四高”建筑变身文具投入市场 东方明珠等景区已开售
44	人民网	上海旅游纪念品设计大赛落幕 12 件作品脱颖而出
45	爱奇艺	“老凤祥杯”2017 上海旅游纪念品设计大赛颁奖

（2）集中宣传

第一，特邀资深设计师进行线上讲座直播。为了提高上海旅游纪念品设计大赛的影响力，让参赛设计师更好地了解创作需求，获得更多的灵感，了解大赛背后的诉求，2016 年“老凤祥杯”上海旅游纪念品设计大赛特别设置了“特邀资深设计师线上讲座直播”的板块，特邀往届获奖者分享参赛经验。网友对大赛有非常浓厚的兴趣，积极参与讲师互动，热情不散，原定于20点至21点的讲座一直持续至21点30分。很多网友表示这样的线上主题讲座非常有意义，并希望以后能有更多这样的机会向业内大师、同行业者交流学习。

第二，专题传播，院校推广。作为业内非常有影响力的旅游纪念品设计大赛，2016年上海旅游纪念品设计大赛在征集推广方面颇具新意，也成为了大赛的一大亮点。本次大赛邀请到的导师都是工业产品设计方面的佼佼者，属于行业内最权威、最具影响力的专家，能够集聚一堂担任本次大赛的导师并带教学员非常难得。通过导师的影响力制造微信热点，以专题形式进行报道，请导师带动自己的学生和圈内设计师朋友踊跃参与报名，丰富自己的团队人气，助长自己的团队实力，是此举的目的之一。在设计专业的学生招募方面，本次大赛更是采用暑期档集中训练营植入、校园QQ群和微信群转发的方式，吸引了大量的设计院校、设计专业的学生们积极参与，提高了大赛的人气和知名度。本届大赛还通过当时最流行的H5页面制作，将大赛亮点、导师阵容、参与方式等进行移动展示。这也是旅游纪念品与新媒体技术的首次融合，借微信等平台的巨大传播力，本届上海旅游纪念品设计大赛越来越多地出现在人们的视野中。

4. 上海旅游纪念品设计大赛产品营销

（1）初赛和复赛

2016年第十一届上海旅游纪念品设计大赛共计征集作品1 086件，由大赛评委导师组及视觉中国社区评委组共同初筛出30强，在其官网大赛页面进行入围选手公示并接受导师指导，最终12强入围决赛。

2017年第十二届上海旅游纪念品设计大赛共计征集作品647件，通过评委组筛选，30强入围复赛，最终12强入选决赛。12强作品随后在《旅游时报》进行展示并开展网络投票。

（2）决赛

上海旅游纪念品设计大赛根据创新性、市场潜力、设计表现、可操作性和主题表现等，评选出最具商业价值奖、最具市场潜力奖、评委推荐奖、传承创新奖和优秀设计奖等奖项。2014—2017 年获奖作品见表 5－3。

表 5－3　2014—2017 年获奖作品一览[1]

年份	获奖作品				
	最具商业价值奖	最具市场潜力奖	评委推荐奖	传承创新奖	优秀设计奖
2014	小笔筒·大世界		环形上海 “上海霓虹”印花杯子系列	“舌尖上的上海”筷子礼盒 水晶留声机 匠艺“东方之冠”办公六件套	原竹竿钢笔系列 记忆的宝藏 No lose and forget
2015	“涂游上海”系列 “品味上海”——红酒塞系列		海浪旗袍折扇 海派弹珠		“外滩印象”桌面文具 创意调味瓶套装
2016	微·上海		上海分量 “海纳百川”冰箱贴 银河尚都	“申报”便利签 到沪一游	贴出上海话栉 咖啡研磨器 儿童餐具 上海老字号 梦回老上海
2017	“上海记忆”多功能礼仪笔	“韵律”智能首饰 “夜上海”纸雕灯	UMBRELLA 雨伞 “方寸魔都”桌面文具 “享上海”指甲护理套装		留声小夜灯 玉兰镜 纪念品印章吊坠 小知识卷尺钥匙扣 “领韵”系列提包 上海纪念杂货盒

[1] 根据上海市旅游纪念品展示中心提供资料整理而得。

以 2015 年—2017 年获得最具商业价值奖的作品为例，我们来看一下上海旅游纪念品设计大赛与上海旅游购物营销的紧密联系。

2015 年最具商业价值奖获奖作品：“涂游上海”系列和“品味上海”红酒塞系列（见图 5－1 和图 5－2）。

图 5－1　“涂游上海”系列

图 5－2　“品味上海”红酒塞系列

从2015年全球热门话题“涂色绘本”得到灵感，“涂游上海”系列生动地展示了上海旅游资源中的“秘密花园”场景。设计师选取了16幅涂鸦线稿，包括东方明珠电视塔、豫园、外滩、上海野生动物园等景点，还有上海特色小吃等，并且配有24色中华铅笔厂定制的彩色铅笔，让人们能够充分发挥想象力，涂画出自己心目中的上海色彩。

“品味上海”红酒塞系列则将外白渡桥、东方明珠电视塔、环球金融中心等地标性建筑设计成红酒瓶塞和陈列架，设计师运用人体工程学的原理让红酒塞更符合力学原理，手感更出众。

2016年最具商业价值奖获奖作品：“微·上海”（见图5－3）。

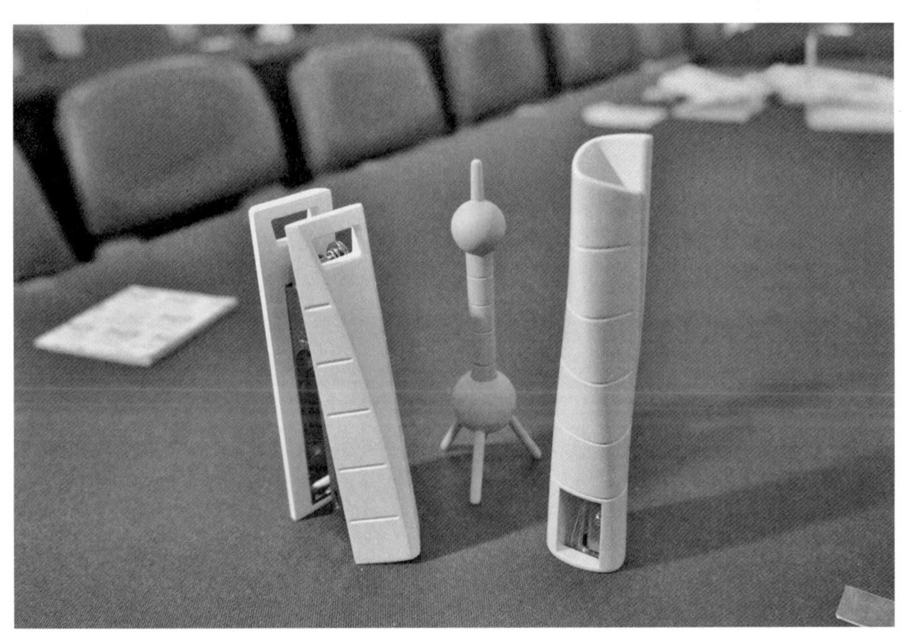

图5－3 “微·上海”

这是一组以上海“四高”建筑为元素的桌面文具系列，把现实中巨大的建筑融入很小的桌面上，此系列包含四种文具：订书机、圆珠笔、卷笔刀和磁铁图钉，既能欣赏又很实用。

2017 年最具商业价值奖获奖作品：“上海记忆”多功能礼仪笔（见图 5－4）。

图 5－4 “上海记忆”多功能礼仪笔

名为“上海记忆”的多功能礼仪笔，包括艺术铅笔、眉笔、签到礼仪笔、签字笔等。其中艺术铅笔为六支木雕铅笔：四支采用具有上海特色的地标建筑为笔头装饰元素；一支结合代表上海旅游的水波纹标志，头部设计成抽象的龙头样式，代表上海的龙头先驱地位；一支结合上海旅游节的标志颜色及造型，头部设计成抽象的凤凰样式，寓意高贵祥瑞、和平幸福。

5. 上海旅游纪念品（礼品）流行趋势发布——上海旅游购物营销的指南针

2010 年 8 月 31 日上午，上海市旅游行业协会旅游纪念品分会正式成立。上海市老凤祥有限公司总经理石力华当选为分会会长。原上海市旅游局与上海市社会团体管理局有关领导出席了本次成立大会。会上，在市旅游协会的指导下，根据分会成立章程，共有20家单位成为首批旅游纪念品分会会员单位。协会成立大会指出了目前行业中存在的一些亟待改进的问题：一是旅游纪念品生产企业产品种类单一，设计思路老套，市场竞争力不强。这主要是因为企业缺乏相关的行业信息，无法通过有效渠道获取旅游纪念品设计的最新动态；面对市场，企业也缺少对消费者购买需求的了解。二是行业间竞争尚显无序。国内旅游纪念品厂商由于设计能力的薄弱，导致了产品的趋同性，一段时期的流行产品往往为各类厂商竞相追捧，各种仿制、抄袭导致资源的极大浪费。三是产品的设计生产与市场营销脱节，造成一部分优秀的设计错过了推向市场的最佳时间。成立后的旅游纪念品分会，通过各种途径，有效地提升了行业水平。其中定期发布旅游纪念品流行趋势就是途径之一，旨在鼓励企业关注时尚前沿，推出符合流行趋势和最新需求的产品。

作为上海旅游纪念品设计大赛的重要组成部分和市场效应的延伸，上海市旅游行业协会、上海工艺美术行业协会、上海工业设计协会、上海市旅游纪念品展示中心联合组成的上海旅游纪念品（礼品）流行趋势发布工作委员会，从2008年开始，组织专家学者和行业人士对旅游纪念品（礼品）的主题、材质和色彩三个方面的流行趋势进行专题调查和研讨，并于2008年4月首次举办了“2008旅游纪念品（礼品）流行趋势发布会”，引起了社会的关注。数据资料显示，预测结果对引领市场消费、推动行业发展产生了积极的意义，与社会需求趋向基本契合。上海旅游纪念品（礼品）流行趋势发布主要从流行主题、流行材质和流行色彩等方面对上海旅游纪念品进行预测和指导，堪称上海旅游购物营销的指南。

（1）上海旅游纪念品（礼品）流行主题历年发布

2008年—2018年，上海旅游纪念品（礼品）历年流行主题见表5-4。

表 5－4　上海旅游纪念品（礼品）历年流行主题[1]

年　份	上海旅游纪念品（礼品）流行主题
2008	奥运主题系列、鼠年生肖系列、环保节能系列
2009	“牛”“城市”
2010	世博年、生肖虎年
2011	世博记忆、生肖兔年
2012	海派文化、生肖龙年
2013	美丽上海、灵动创新
2014	微
2015	梦想主题的原创核心
2016	理念创新、互动体验和共享
2017	智能、谐趣、分享
2018	智能开发、虚拟体验和东方表情

以 2018 年的主题为例，智能开发、虚拟体验和东方表情，这是 2018 年旅游纪念品（礼品）行业流行趋势的关键词。人工智能的快速发展，各种创新设计的智能化虚拟产品正在影响着人们生活的方方面面。各种新鲜有趣的智能化体验也正在吸人眼球。事实上，随着智能概念的渐入人心，旅游纪念品（礼品）行业的智能研发也在深入，产生了不少受市场欢迎的新产品。尽管目前这一类旅游商品还未成为市场主流，但崭露头角的智能新品越来越多。可以预见的是，未来旅游纪念品（礼品）的智能化将推动行业变革，提升产品设计的科技含量，转变艺术构思。专家提出，未来表达情怀的不一定是实物，可以是电子旅游纪念品（礼品）等虚拟产品，以穿越时空和地域的方式来表达情怀。这是一种不可忽略的趋势。

同时，专家认为，共享经济的发展同样迅速和广泛，涉及人们消费的各个领域，也带来消费心理和消费群体的变化，而这种变化也将是旅游纪念品

[1] 根据上海市旅游纪念品展示中心提供资料整理而得。

的未来趋势。专家指出，旅游纪念品（礼品）生产企业完全可以打造一款虚拟和实物结合的网红旅游纪念品，并借助网红经济的流量，推动智能化开发，吸引更多消费群体。在万物皆分享、分享皆经济的今天，这是旅游纪念品（礼品）行业应和时代发展方向的一个思路。专家预测，未来一年，体现"一带一路"异域风情（包括中国西部）的旅游纪念品（礼品）和旅游线路都将成为热点。与此同时，体现东方文化、人文情怀的东方表情以及以上海四高建筑城市标识为题材的旅游纪念品（礼品）也会受到市场关注。从2017年的旅游纪念品设计大赛结果就可以看到，这个题材被年轻的设计者们演绎得十分生动和可爱，受到了业界和市场的青睐。

(2) 上海旅游纪念品（礼品）流行材质历年发布

2008年至2018年，上海旅游纪念品（礼品）历年流行材质见表5－5。

表5－5　上海旅游纪念品（礼品）历年流行材质[1]

年　份	上海旅游纪念品（礼品）流行材质
2008	环保理念、自然材质
2009	环保理念、自然材质
2010	环保材料、创新设计
2011	低碳元素、设计为先
2012	创新科技、绿色低碳
2013	/
2014	微
2015	回归经典的主流趋向
2016	更新的环保材料
2017	轻质、耐用的复合材质
2018	环保型新材质、新工艺

[1] 根据上海市旅游纪念品展示中心提供资料整理而得。

以2012年为例，专家们对2012年的流行材质的预测基本统一在贵金属、水晶、琉璃、陶瓷等材质上。专家预测，人们对贵金属保值或升值空间的期待，将促使贵金属销量持续向上。水晶的晶莹剔透、琉璃的瑰丽变幻、陶瓷的质朴细腻等材质的特点一直受到市场的青睐，只要是造型别致、线条优雅、富有创意、贴近主题的好作品，很有可能会走俏市场，尤其是跟生肖龙年沾边的纪念品（礼品）。专家们特别指出，旅游纪念品（礼品）行业将会越来越多地使用创新科技的材质，以逐渐替代耗能高、不环保的材料，既能促进行业水准向世界先进靠拢，又能达到低碳社会的环保目标。从这个目标出发，专家认为应当在行业内倡导低碳消费，促进相关企业多研发低碳、低价、物美的创意纪念品，使之成为一种潮流。

（3）上海旅游纪念品（礼品）流行色彩历年发布

2008年至2018年，上海旅游纪念品（礼品）历年流行色彩见表5-6。

表5-6　上海旅游纪念品（礼品）历年流行色彩[1]

年　份	上海旅游纪念品（礼品）流行色彩
2008	/
2009	紫色
2010	蓝绿色、金黄色
2011	自然裸色、中间色调
2012	金黄主色、洋红为辅
2013	蓝色
2014	/
2015	全彩运用，辅助流行色为暖黄
2016	浅金色为主、红铜色为辅

[1] 根据上海市旅游纪念品展示中心提供资料整理而得。

续 表

年　份	上海旅游纪念品（礼品）流行色彩
2017	亚黄金色
2018	太空蓝、红金色

以 2010 年为例，纯净的蓝绿冷色调迎合了目前盛行的“海宝蓝”和上海世博会的绿色标志。而 2010 年是生肖虎年，这又给该年度的色调增加了些许暖色，充满惊喜的金黄色将演绎出和煦氛围和富贵吉祥，以此延伸出来的橙黄、橘红等色彩也将在新的一年中大放光彩。因此，专家学者预测 2010 年旅游纪念品（礼品）流行色彩将为蓝、绿、金黄。在排序上，蓝色第一，绿色第二，金黄色第三。蓝色给人纯净宁静之感，象征上海是“海宝”的故乡；绿色体现环保理念而且这是一种具有生命力且让人们愉悦的色彩；金黄色是体现生肖虎年特点的一种颜色，蕴含吉祥富贵的象征意义。

6. 上海礼物优选店揭牌——上海旅游购物营销的新跨越

2018 年 9 月 19 日上午，“上海礼物——优选店”授牌仪式在第一食品南京东路店举行。“上海礼物——优选店”的评选由上海市旅游行业协会旅游纪念品分会组织评选小组进行全面管理和执行。目前拟定的管理办法对于申请优选店的主体有经营面积、产品种类、质量和服务等多方面的审核标准。获得“上海礼物——优选店”铭牌的商户将和行业协会签约，承诺积极参与上海旅游商品的推广，努力促进上海旅游购物环境的品质提升。

作为原上海市旅游局推出的“上海礼物”计划的重要部分，首批“上海礼物——优选店”铭牌分别授予第一食品南东店、老凤祥旗舰店和东方明珠旅游纪念品商店，旨在精选出一批符合上海旅游形象的优质旅游购物场所，提升上海旅游购物的整体水平，匹配“建设世界著名旅游城市”的发展需要。

第一食品从2015年起推出的旅游食品品牌“一盒上海”，寓意“一盒装遍上海”，涵盖的食品品类包括五香豆、梨膏糖、龙须酥、巧克力等，旨在成为市民与游客馈赠亲友的真挚好礼。“一盒上海”产品现已形成三大系列，分别是：话说上海系列——最具上海特色的商品；四季上海系列——营造小清新风格，适应年轻消费者；摩登上海系列——高端上档次。与传统旅游食品包装相比，“一盒上海”的色彩更明亮，上海风情的元素穿插运用，让消费者感觉更时尚、更高端。“一盒上海”品牌专柜采用暖色光源，广告标识、老上海风情的物件和道具的穿插运用，让消费者能身临其境地感受魅力上海。销售人员经过针对商品信息和服务水平的专业培训，身着统一服饰，热情地为消费者服务。

老凤祥是中国珠宝首饰业民族工业的一面旗帜和优秀企业的代表。近年来，老凤祥在产品研发上做足了功课，其研发的“外滩金牛”系列产品，把上海的地标景观进行了浓缩和物化。新近推向市场的“外滩建筑冰箱贴”则又和上海主推的“阅读建筑”系列观光产品有机地结合起来。此外，老凤祥公司连续十二年冠名举办了“老凤祥杯”上海旅游纪念品设计大赛，通过打造具有上海文化特色的优秀旅游纪念品，助力推进上海旅游商品的开发和创新，形成上海城市文旅产业链。

东方明珠旅游纪念品商店自2012年开始通过与专业设计团队合作，开发设计具有东方明珠形象和上海元素的旅游纪念商品，对“东方明珠”和“上海”等主题进行深化创作，设计了一系列的主题插画，通过二次开发将这些设计稿运用在不同类型商品上。商店陆续推出自主开发的OPT系列生活用品、数码产品、创意文具、箱包、食品等系列产品和300多款创意旅游商品，巧妙的设计和优质的工艺品质受到中外游客的青睐。

未来，上海市文化和旅游局将通过“上海礼物”的整体形象包装和塑造，把上海的旅游商品推广和上海城市形象的营销进行整合，丰富上海旅游的元素和内涵，同时对上海优质的旅游购物场所进行全方位的优化和升级，融入更多文化元素，使之成为游客感受上海风情的体验场所，变购物商店为新业态的“景点”。通过“上海礼物”的平台，上海旅游商品行业将吸引更多的关联产业诸如互联网、物流、高科技等，前来跨界合作和协同发展。

7. 上海旅游购物的市场预测

根据发达国家城市旅游发展的经验，旅游纪念品不仅是彰显一个城市形象的物质名片，也是一个城市旅游系统的重要组成部分；从旅游经济角度看，旅游纪念品还是衡量一个城市旅游业发展质量与绩效的重要评价指标。经过改革开放四十年的发展，上海旅游纪念品市场规模不断扩大，旅游纪念品消费在来沪游客的总体消费中的比例也不断提高。

为了更科学地预测上海旅游购物市场，我们成立了一个课题组，采用问卷调查法，深入探究游客购买旅游纪念品的人口统计特征、消费行为特征和潜在需求特征等，力求在数据统计与分析的基础上，结合历年调研结果，归纳出上海旅游纪念品的市场现状及演变趋势，从旅游纪念品视角窥探上海旅游购物的市场，希冀为上海旅游管理部门和旅游购物营销主体提供决策依据。

（1）研究方法与样本构成

本次调查主要采用问卷调查法获取一手资料，问卷主要由以下三个部分组成：旅游纪念品的购买行为、旅游纪念品的购买意愿及个人基本信息。课题组于 2018 年 6—9 月进行问卷的发放和回收工作，共计发放问卷 400 份，回收问卷 350 份，回收率为 87.5%，其中有效问卷 348 份，有效率为 99.4%。并通过对 2009 年、2010 年、2012 年、2013 年、2014 年、2015 年、2016 年、2017 年和 2018 年的九组调查数据进行对比，了解游客的购买行为和上海市旅游纪念品需求的变化特点。

本次调研的样本总量 N=340，其中男性 156 人，女性 184 人。样本年龄主要集中在中、青年（26—45岁）群体，该群体目前是外地来沪旅游者中的主体构成部分。相比更年轻的群体，该群体经济独立，收入较高，出游率高且具有比较大的消费购买能力；相比更年长的群体，他们更具有比较强烈的购买需求，是旅游纪念品的主要购买者。根据调查数据统计，受访者中已婚人士约占35.81%，未婚人士约占64.19%。受访者中学历为本科（或大专）及硕士以上者占58.79%，而学历为高中（或中专、职校）者约占31.08%，其他低学历者不足15%，高学历受访者的占比较大，说明游客的整体教育水平在提升。在调研样本的职业构成上，占比前五名的职业分别是企事业管理人员、学生、工人、公务员、自由职业者。样本中，月收入在5 000元以上的受访者占比达到66.22%，超过半数，说明收入水平较高的游客数量逐渐增多，旅游纪念品市场蕴含着极大的消费潜力，这对于上海旅游纪念品市场的发展是一个重要的推动。

（2）旅游者购买行为分析

① 购买场所

调查结果显示，百货商店或超市、商业街、地摊销售点、交通枢纽、旅游纪念品专卖店是旅游者购买纪念品的主要场所。

整体而言，游客选择旅游景区（点）、商业街、地摊销售点、旅游纪念品专卖店购买旅游纪念品的比例依然较高，但随着城市交通枢纽的逐渐完善，以及游客自由行的比例逐渐增加，越来越多的游客会选择在交通枢纽进行购物消费。值得注意的是，随着“上海购物”品牌的打响，游客对百货商店的重视程度较前几年而言有大幅度提升。相较于2017年，2018年百货商店或超市成为游客购买旅游纪念品最主要的地点，而游客在其他场所购买旅游纪念品的比重均有所下降。

② 购买目的

受访者购买纪念品的目的排名前三位的依次是“回忆旅游地点或在某地

的经历”“表示我曾经到过这个城市或景点”和“自己使用”。与2017年相比，旅游纪念品对于游客的作用更体现在“回忆旅游地点或在某地的经历”上。“表示我曾经到过该城市或景点”的比重有所下降。选择“自己使用”的比例与2017年相仿，说明游客越发重视纪念品的实用性和功能性，购买后需要纪念品发挥其内在价值。“馈赠亲友”依旧是游客购买纪念品的主要目的之一，这也在一定程度上延续了中国人的文化传统。

③ 购买习惯

61.49%的受访者选择“只在看到特别的旅游纪念品时才会购买”，这说明当下旅游者购买纪念品是相对理性的。22.97%的受访者选择“每到一处都会购买”，说明购买旅游纪念品依旧是部分游客心中必不可少的环节之一。选择“需要考虑赠送亲友或同事的情况下购买”和“只在别人指定购买的时候才会购买”的受访者约占17.00%，说明通过购买、赠送旅游纪念品从而增强人际关系是目前普遍存在的一种形式，也是我国传统文化的延续。

与2017年相比，选择“只有看到有特别意义的旅游纪念品才会购买”的受访者比例增幅较大，说明理性消费的游客比例有所增加。“需要考虑赠送亲友或同事的情况下购买”和“每到一处都会购买”的选择比例有所下降，也再一次说明越来越多的游客开始在旅游活动中避免盲目消费。“在别人指定购买的时候才会购买”的选择比例有所上升，说明游客购买旅游纪念品在更加理性的同时也会关注亲朋好友的选择。

④ 购买决策

在购买决策过程中，受访者完全自己决定的比重高达54.42%，远远超出其他因素，说明游客的主观购买意识是购买纪念品的最主要因素。“听取销售人员、导游建议意见”以及“考虑同行建议”分别占到了38.10%、32.65%、20.41%，这说明游客在购买旅游纪念品的时候，也会兼顾到各方面的意见，对熟悉商品的销售人员和导游有较高的信任度。

“完全由自己决定”的选择比例相较于2017年的70.30%有所下降，但依旧保持很高的比例，说明游客在购买纪念品时自主性较高，习惯于在购买时进行独立思考，但逐年下降的比例也说明游客在购买时会综合考虑多方意见。“听取销售人员建议”的选择比例相较于2017年有所提升，表明熟悉商品的销售人员对游客旅游纪念品的购买有积极的促进作用。“听取导游建议”的选择比例有所下降，表明随着游客在旅游过程中的自主性提升，游客更多情况下通过自己获取信息来选择纪念品。“听取同行人员建议”的比例也有所下降，说明在异地消费环境中，游客更加依赖于自身或熟悉商品的人来获取信息，决定是否购买。

⑤ 商品选择的考虑因素

“可携带性”这一选项位居第一，高达43.92%，说明游客在异地消费中，首要考虑的是旅游纪念品是否便于携带。“实用性”选项位居第二，占比高达38.51%，说明旅游纪念品的实用性也是游客在购买纪念品时的重要考虑因素，与游客的购买目的相吻合。“地方特色”这一选项的排名紧随其后，说明旅游纪念品是否具有收藏价值，便于游客产生回忆也是游客购买时的考量因素之一。

⑥ 信息获取渠道

受访者选择“在景区（点）现场看到”的比例高达53.06%，说明景区是游客获得纪念品信息最为广泛的渠道。“亲友、同事介绍”位居第二，说明口碑传播对于游客而言的影响力很大，许多游客愿意通过身边人的介绍来购买产品。在媒介渠道的子选项中，“网络”选项拔得头筹，占26.53%。说明随着移动互联网的普及，网络成为旅游者获取景区信息的主要平台。

从2015年以来，“景区（点）现场看到”“亲友、同事介绍”“导游/旅行社得知”“网络”是游客获取纪念品信息最主要的四个渠道。与之前几年相比，游客对信息获取渠道的选择比例更为平均，一方面说明游客在购买决策时，会综合考量多方面因素，降低购买风险；另一方面也反映出理性购物的游客比例有所增加。

⑦ 购买类型

与 2017 年相比，上海土特产与建筑模型分列最受游客欢迎的旅游纪念品的两大类。但游客对上海土特产的喜爱度有所下降，对建筑模型的喜爱度有所提升，说明游客对能激起回忆并长期保留的纪念品越来越感兴趣，如东方明珠、金茂大厦等地标性建筑是游客与上海建立联系的核心载体。印有上海景点图案的 T 恤、文化衫的排名呈上升趋势，再次说明游客对于具有地方特色，并可供游客日后回忆的纪念品的感兴趣程度有所提升。游客对收藏品的关注度也有所提升，而对名特优产品则不再过多重视，一是因为收藏品更能反映出老上海的韵味，更具有纪念价值；二是太多名特优产品存在种类雷同现象，不能满足游客体验后的心理需求。

⑧ 购买花费

选择“100—300 元” “300—500 元”的受访者比例分别为 35. 14%、33. 11%，合计超过了总数的一半，说明目前大多数游客购买旅游纪念品花费控制在 100—500 元之间。“50 元以下”与“1 000 元”的选择比例相较于 2017 年来说都有所减少，说明来沪游客愿意在购买纪念品时支出一定的费用，但也存在明显的上限。

⑨ 理想价格

选择理想价格在 20—100 元之间的受访者比例超过 70%，说明这个价位是绝大多数游客的理想价格。从 2010 年以来，游客选择纪念品的理想价格在 20—100 元之间的比例一直很高，说明大多数的游客仍然期待价格较低的纪念品。相较于 2015 年，2018 年选择“100—500 元”的受访者比例下降较为显著，“20—50 元”“50—100 元”的选择比例有小幅度提升，说明部分游客越发倾向于购买价格较低的旅游纪念品，当其价格过高时游客会慎重考虑纪念品的性价比再决定是否购买。

（3）旅游者购买偏好分析

① 材质偏好

受访者最喜欢的材质前三名分别为：木或竹类、贵金属、丝绸，它们所占比例分别为35.86%、26.21%以及25.52%。这三类材质具有较高的经济价值和艺术价值，说明旅游者有一定的经济能力和审美要求。如丝绸作为一种较为高档的特产礼品，其走热反映出旅游者消费水平的提高和审美志趣的提升。“说不清”这一选项的选择比例为6.21%，说明有部分游客对纪念品并没有明显的材质偏好。

② 颜色偏好

受访者最喜欢的颜色前三名分别为：白色、红色、绿色，它们所占比例分别为24.83%、22.07%、20.00%。选择“说不清”的游客比例也相对较高，表明游客对上海旅游纪念品的颜色并没有明确的要求与往年一致的是，各颜色比重差距并不明显。与2017年不一致的是，暖色系更受旅游者喜爱。

③ 主题偏好

本次调查中，最受欢迎的主题是“体现上海现代都市风格”和“体现老上海风情”，分别占48.97%和47.59%，两者差距不大，说明老上海的韵味与现代上海的都市时尚感对于游客都具有强烈的吸引力。“体现上海历史古迹”的主题紧随其后，为35.86%，“表现出上海的历史风情”也是游客偏爱的主题之一。游客对于“上海文学艺术”和“上海人物故事”的选择比例也比较高，这说明随着深度旅游的不断普及，游客更加关注纪念品中蕴含的文化特性。

④ 风格偏好

最受受访者欢迎的风格是“复古型”和“精致型”，分别占总数的46.90%和43.45%，这与上海传统的韵味和文化气质相吻合。“时尚型”和

“怀旧型”的风格也颇受旅游者喜爱，分别占总数的30.34%和26.90%，反映了上海的时尚现代与古典浪漫交织的气息深受旅游者的欢迎。但同时选择“说不清”的游客也占有一定比重，纪念品生产厂家应当关注特殊游客的需求，注重细分市场，开发差异化的旅游纪念品。

（4）旅游纪念品消费的总体特征

① 游客消费决策的自主性增强，百货商店在购买场所中的重要性提升

与2017年相比，选择在上海百货商店购买纪念品的人数所占比重大幅度增加。上海是全国最大的商业城市，以大型购物中心为载体的购物旅游是上海都市旅游发展的重要组成部分。研究结果也表明游客在游玩时不再仅限于在景区或纪念品商店购买旅游纪念品，而是会通过更加融入城市的方式，在城市内部进行购物消费。此外，随着“上海购物”品牌战略的打响，越来越多的商场开始不断提升宣传力度和服务的专业化水平，商品配置也逐渐向多样化转型，这也促使游客越来越倾向于到百货商店去购买相关纪念品。从游客的购买决策和购买行为可以看出，超过半数的游客会选择“只在看到特别有意义的旅游纪念品才会购买”以及“自己决定”是否购买，表现出由于“互联网+旅游”的趋势逐渐增强，游客掌握信息的能力越来越强，使其可以在购买旅游纪念品时作出更为理智的决定。

② 纪念品是游客回忆经历的载体，上海元素得到游客的广泛关注

第一，大多数游客购买旅游纪念品的主要目的是用其来回忆在上海的旅游经历。旅游商品的纪念意义逐渐增强，已成为游客与上海建立情感联系的载体，因此，那些富有地域特色、具有代表性的纪念品成为游客们的首选。第二，调研结果也显示，在各类旅游纪念品中，游客对建筑模型和上海土特产最为感兴趣。一方面是因为上海在建筑艺术方面独具特色，以东方明珠、上海中心的外形特征为基础设计的建筑模型体现了上海都市风貌，也是上海在游客心中的象征符号。另一方面，近年来，随着互联网在游客旅游过程中

的广泛应用，上海老字号的网红食品和纪念品受到了游客的广泛关注。第三，在主题偏好上，选择“老上海风情”和“上海现代都市风光”的受访者的比重相对较高，同时，受访者对“上海历史古迹”和“上海文学艺术”也表现出浓厚的兴趣，这既反映出游客对于纪念品中“上海元素”的内在诉求，也对相关部门如何在其他旅游纪念品中融入上海文化元素提出了新的要求。

③ 旅游情境促进游客消费，口碑效应凸显

在纪念品的信息获取方面，第一，无论是从整体样本来看，还是就不同类型的游客而言，选择“在景区（点）现场看到”来获取纪念品相关信息的受访者的比重最高，这说明景区（点）是游客获取旅游纪念品信息的最主要渠道。一方面是因为受时间和经济成本约束，游客在上海的旅游活动大多围绕特定景区开展。因此，从景区获取信息，就近购买纪念品成为游客购物行为的主要特征。另一方面是因为上海多个景区在塑造和营造良好的主题氛围方面投入了足够的力度，便于游客将相关纪念品与游玩经历联系在一起，促进游客消费。第二，亲友、同事介绍也在影响游客购买纪念品方面发挥了至关重要的作用。这是因为亲友和同事是个体在社会交往中接触最频繁的人，家庭成员之间的情感交流以及朋友之间的互动都对游客在不同环境下的消费决策起到显著的影响。因此，具有良好口碑的旅游纪念品可以通过关系网进行信息传递，从而有效提升游客购买的概率。第三，与 2017 年相比，游客通过网络获取信息的比例大幅度增加，网络已成为游客获取信息的重要渠道，同时通过旅游书籍、宣传册、电视/广播获取信息的游客也占有一定的比重，体现出传统媒体对游客获取相关信息也能起到一定的辅助性作用。

④ 提升产品可携带性，关注产品实用性

与 2017 年相比，旅游纪念品的可携带性是来沪游客首要考虑的因素，这是因为游客往往一天会游玩多个景点，若纪念品体积过大，不便于携带，会严重影响游客的游玩体验，降低游客的消费热情。与此同时，纪念品的品质和实用性也成为影响游客购买决策的关键因素之一。这说明随着观念的转变，游客不仅仅将旅游纪念品当作一种观赏和摆设，而是希望纪念品在日常生活中发挥实用价值，一方面反映出纪念品的内在价值成为游客关注的重点，另一方面也体现出游客在购买时越来越理性，认为评估纪念品的实用性可以有效规避在异地环境下的购买风险。

⑤ 细分市场差异化明显，客群需求个性化发展

不同性别、年龄、职业等游客群体针对旅游产品有不同的偏好，如：在购买因素方面，男性游客更关注“可携带性”“品质和质量”，女性则更关注“地方特色”；在旅游纪念品的颜色方面，低收入水平游客更加偏好暖色系的旅游纪念品，中高收入游客则对冷色系的纪念品有明显的偏好；在主题选择方面，年轻游客对上海的历史文化表现出浓厚的兴趣，而中老年游客则更偏爱上海文学艺术。细分市场的差异化发展，意味着纪念品市场开发具有巨大的潜能。只有根据游客的文化背景、年龄、性别以及所产生的不同的消费需求、消费习惯和审美观念，有针对性地进行旅游纪念品的设计和推广，才能真正拓展旅游纪念品的市场，打造上海多元化的旅游纪念品产品体系。

上海旅游产品营销
——从“大都市”到“长三角”

自改革开放以来，上海旅游业积极融入上海城市发展之中。20世纪90年代至今，上海旅游的相关经济指标均实现了飞速增长，1998年上海旅游总收入才722亿元，到了2017年上海旅游总收入已达到4 485亿元，是原来的6倍之多。近年来，上海致力于建设“世界著名旅游城市”，着力打造“精彩上海、品质之旅”的城市旅游新形象，营造更加友好、有序、优质的旅游环境，加快由“景点旅游”向“全域旅游”转型升级，进一步推动旅游业改革创新，为上海旅游业注入了新的活力。从全国范围来看，我国各地旅游业的发展呈现出显著的差异性，而上海旅游业一直处于领先地位，这或可归因于上海旅游业在产品体系打造上的不断努力以及产品营销上的开拓创新。

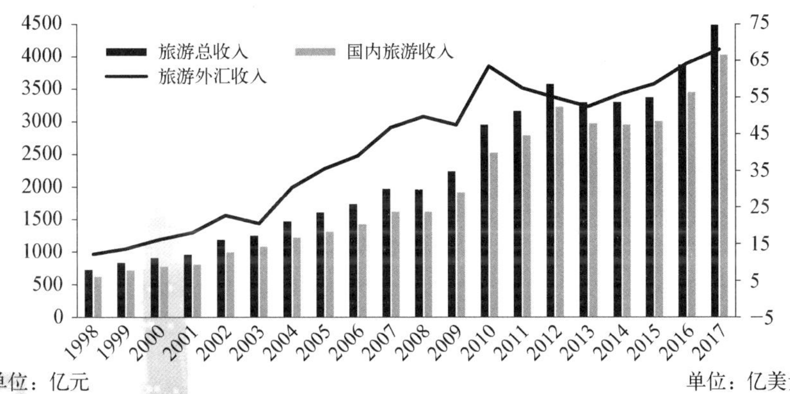

图6－1　1998—2017年上海旅游收入情况

数据来源：根据1998年至2016年的《上海旅游年鉴》相关资料整理。

旅游业是典型的需求拉动型产业，根据游客需求设计与组合旅游产品，不仅有助于提升地区旅游业的综合竞争力，还有利于增强旅游业的内生能力，实现旅游业的可持续发展。因此，解读上海旅游产品的开发与营销方式，无疑能从整体上把握上海旅游业的发展历程与思路，并为其他城市旅游业的发展提供可借鉴的经验。

一、上海旅游产品开发条件

（一）旅游资源

上海兴旺发达的工商业、丰富多样的近代历史建筑、独树一帜的海派文化和现代娱乐设施共同构成了上海的旅游资源体系。首先，上海国家 A 级旅游景区众多。截至 2018 年底上海已拥有 5A 级景区 3 家，4A 级景区 59 家，3A 级景区 47 家。丰富多样的高等级旅游资源不仅奠定了上海旅游产品创新开发的基础，还为上海作为旅游目的地和集散地增添了人气。其次，上海仍有大量的优质旅游资源未参与国家 A 级景区评选，如外滩、上海迪士尼乐园、上海海昌海洋世界等。长期以来，这些资源在上海旅游发展中扮演着重要的角色，成为上海旅游发展的稳定器与推进器。再次，上海是我国文化氛围最为浓厚的城市之一。一方面，多元文化的融合使得上海具有种类繁多的文化遗迹，如以马勒别墅为代表的西方建筑，以宋庆龄故居为代表的名人故居以及以一大会址为代表的革命遗址纪念地；另一方面，上海积极举办各类文化赛事活动，如 F1 大奖赛、上海艺术节、上海电影节等，这些节庆活动不仅自然地融入上海旅游资源的产品体系中，更在一定程度上提高了上海的知名度。最后，上海历来有“魔都”“购物天堂”之称，这无形中为上海塑造了独树一帜的旅游形象。综上所述，上海具有丰富而多样的旅游资源，这些资源成为上海旅游产品开发与创新的重要条件。

（二）客源市场

上海的客源市场可以分为国际市场、国内市场和本地市场三部分。第一，上海作为我国的国际经济、金融、贸易、航运、科技创新中心，每年吸引大量来自世界各地的游客。据上海文化和旅游局的数据统计，来沪入境旅游者的人数一直保持着上升趋势，2017 年上海共接待国际游客 873.01 万人次。同时，上海先后与多个国家签订旅游战略合作协议，并曾荣获“亚洲领先节庆及活动目的地”“中国大陆最受外国游客欢迎城市”等荣誉称号。第二，以长江经济带为依托，上海的旅游产品开发具有极为明显的国内市场优势。据统计，2017 年上海接待国内游客达 3.2 亿人次，国内旅游收入达到 4 025.13 亿元，已成为我国最著名的旅游目的地之一。同时，随着人们消费能力的不断提升以及休闲意识的逐步形成，日常休闲、短途旅游等已成为上海居民生活的常态。有关统计数据显示，上海接待本地居民游客数量不断上升，本地居民占国内游客的比重从 1998 年的 18.1%上升至 2017 年的 51.2%，说明上海本地游客已构成上海旅游市场的重要组成部分。据此，稳定且不断壮大的客源市场既为上海旅游产品的开发提供了坚实的市场基础，又对上海旅游产品的创新提出了新的要求。

（三）制度保障

1992 年以来，国家相关部门制定了一系列相关政策，为上海旅游业发展提供了良好的制度环境。在产业地位确立的前提下，上海市出台了一系列旅游法规和管理条例。旅游行业管理按照“宏观加强管理、微观放开搞活”的思路开始逐步脱离计划经济的模式向规范化迈进，由此建立的市场化经济调控体系保证了上海旅游业作为一个独立经济产业的社会地位，创造了有利于旅游业高速发展的基本政策环境。随着促进行业健康发展的政策措施以及加强行业管理的法令法规不断出台，上海旅游业市场经济的框架体系大致形成，旅游产业市场准入障碍基本扫除，行业内的多种所有制形式日益普遍化，市场规则逐步形成，使得上海旅游产品的供给得以快速地与市场需求相适应，扫除了上海旅游产品创新的障碍。

（四）旅游环境

首先，就外部交通可达性而言，上海作为长三角的核心城市，城市外部交通的发展为上海旅游产品提供了完备的支撑系统。随着高铁时代的到来，“3 小时城市圈”的建立，既为其他省份游客到达上海提供了极大的便利，也为长三角旅游产品的建设创造了空间。其次，就内部交通完善性而言，多层次、立体化的市内公共交通服务体系建设特别是上海地铁的建设降低了跨区域旅游活动的时间成本，有效拓展了上海旅游线路的空间范围，有效地串联起上海主要的旅游资源，丰富了旅游资源的组合方式。最后，就旅游服务便利性而言，上海着眼于大众化、自由行旅游时代的要求，以高品质、多功能、智能化、精准化为目标，完善“综合服务中心—服务站—服务点”的三级服务设施网络，形成了一个智能化的旅游信息管理和发布平台、一个综合性旅游大数据中心、一个精细化旅游服务热线，全力打造“宜游”上海旅游服务圈，提高了游客对上海旅游产品的认知度和满意度。

二、上海旅游产品开发阶段与营销模式创新

（一）上海旅游产品开发起步阶段（1978—1996）

1. 开发起步阶段旅游产品概况

该阶段上海旅游产品经历了一个从无到有、从少到多的发展过程。1978 年改革开放之前，旅游接待作为外事接待、政治接待的一部分，完全按规定的接待计划执行。当时，上海旅游业服务设施严重不足，交通、能源、邮电、通讯、环卫、城建和社会服务等基础旅游设施以及旅游专用交通工具、旅游食宿和体育与娱乐等基本旅游设施均供给不足。这就造成上海旅游产品的设计思路单调，类型单一，主要以城市观光游和名胜古迹游为主要旅游产品。

1978 年之后，改革开放政策的实施为上海旅游业的发展创造了基本的制度条件和制度空间，使得上海旅游产品的供给不断向市场化方向推进，主要表现为食、住、行、游、购、娱传统旅游六要素的全面完善。该阶段境内外游客开始成为上海旅游业的主要服务对象。旅游企业在开发上海人文、历史、自然资源的基础上，创设了城市观光游、文化体验游、工农业游、修学旅游等多种特色旅游产品，以满足境内外访沪游客考察、观光的旅游需求（见表 6 - 1）。需要说明的是，虽然该阶段的旅游产品开发为今后上海旅游产品结构框架的构建奠定了基础，但从整体上看，旅游产品线仍较为单一，体验内容也多以游览观光、文化交流为主。

表 6 - 1　1978—1996 年核心旅游产品

产品名称	目标客群	产品特色	代表性节点（线路）	体验内容
做一天上海人	海外游客	近距离接触上海的普通市民，了解上海人的日常生活状态	普陀区曹杨新村、静安区愚谷村、长宁区天山新村、徐汇区宛南新村、浦东新区浦东新村	文化交流
修学之旅	留学生游客	利用上海比较发达的文化教育资源，满足海外留学生休闲旅行的需求	复旦大学、上海交通大学、同济大学等上海各大高校及周边文化旅游资源	游览观光 文化交流
工农业之旅	海外游客	组织海外游客实地参观，让游客们对改革开放后的上海工农业发展有比较直观的了解	宝山钢铁厂、安亭汽车厂、贝尔电话公司、金山石油化工厂等技术水平先进的大型企业；七一、马陆、马桥等代表性乡镇	游览观光 旅游购物 文化交流
城市观光之旅	海外游客 外地游客	整合上海历史建筑资源、水域资源，还原上海近代城市建设的独特风貌	万国建筑博览之旅：太平洋保险公司大楼、东风饭店、上海海关大楼、招商银行大楼等 名人故居游：孙中山故居、宋庆龄故居、鲁迅故居、蔡元培故居、周恩来寓所等 浦江游览：北京东路外滩附近到吴淞口附近，航程 40 公里	游览观光

续 表

产品名称	目标客群	产品特色	代表性节点（线路）	体验内容
文化体验之旅	海外游客 外地游客 本地游客	通过参观博物馆、纪念馆，感受人类文明和上海地方文化的发展史	博物馆之旅：上海博物馆、上海历史博物馆、上海自然博物馆以及各区县博物馆等 上海犹太遗迹之旅：摩西会堂、公墓、河滨大楼、犹太难民居住区纪念碑等 民间（古玩）收藏之旅：上海民间收藏陈列馆、方炳海家具古匣收藏馆、胡仁甫根艺馆、豫园商场华宝楼、东台路古董市场等	游览观光 文化体验

资料来源：根据 1978 年至 1996 年的《上海旅游年鉴》相关资料整理。

2. 开发起步阶段旅游产品营销方式

在改革开放之前，受到计划经济的影响，上海旅游产品的对外宣传营销工作也十分薄弱，具体的表现如下：① 宣传形式单调。没有宣传片，只有简单的“三个一”（即一套风光明信片、一份上海地图、一张折纸）及简易的导游词。同时，导游还要忙于外宾接待、住宿安排，无法很好地进行讲解与宣传。② 分销渠道狭窄。产品主要面向海外客源市场，由旅行社直接向消费者销售。③ 宣传投入不足。主要依托政府之间的友好往来进行宣传，宣传效率不高。④ 尚未创造良好的公共关系。由于该阶段旅游业外事接待特征明显，因此，有关部门将服务重心聚焦境外游客，在一定程度上忽略了与居民间的公共关系建设。

随着改革开放的不断深入，上海各旅游企业的市场观念、竞争意识以及对外营销工作均有所增强，旅游主管部门也由旅游产品营销“主导角色”转变为“辅助角色”，旅游产品的营销推广效率大大提升。该阶段，上海旅游产品营销主要有以下特点：

（1）宣传方式多点开花

各旅游企业宣传旅游产品的主动性增强，并根据实际情况发挥自己的优势，制作了一些对外宣传促销的印刷品、宣传片和幻灯片等，更为直观地宣传相关产品。政府部门则不断丰富印刷品和宣传片的类型，陆续编印了《上海博物馆之旅》《上海历史建筑》等大型画册和折页，并翻译成不同国家的语言文字，邀请海外有影响力的旅游记者来沪实地考察与采访，以提高上海旅游产品的知名度。同时，旅游主管部门对外参加国家旅游局组织的旅游促销团和柏林、大阪、中国香港等地的国际旅游展。对内积极参与市外办举办的友好城市“上海周”活动，以吸引游客，宣传相关旅游产品。

（2）分销渠道仍旧单一

旅行社依旧是旅游产品的主要分销渠道。

（3）政府部门旅游产品宣传专业化水平提升

为改变开发、宣传、销售几个职能部门基本分离的现象，原上海市旅游局成立“旅游宣传处”，在加强多样化的产品开发、适应市场需求的基础上，明确了旅游产品市场营销的主攻方向，制定了明确的市场营销指标，明显提高了旅游产品宣传专业化水平。

（4）逐步建立起良好的公共关系

为激发当地居民的消费潜能，加深居民对上海旅游产品的了解，并获得居民对发展旅游业的支持，上海开始根据自身特点有准备、有计划、有针对性地举办一些人文性的大型旅游活动，包括上海旅游购物节、黄浦旅游节、上海食品节等。这些活动不仅吸引了大量海内外游客，还丰富了上海居民的文化生活，成为上海旅游产品营销的重要载体。

总之，这一阶段上海旅游产品的营销方式不断突破计划经济的约束，增强了上海旅游产品营销的广度和力度，提升了上海城市总体形象和知名度，为今后上海旅游产品的开发与营销初步奠定了基础。然而，在旅游产品的营销过程中，旅游企业往往比较关注个体收益，偏重于宣传本企业而忽视对旅游产品的整体宣传，单兵作战特征明显，对外宣传促销的总体效果不太理想。同时，该阶段上海旅游的发展体制还没有完全理顺，旅游业发展并未脱离计划经济的基本框架，旅游主管部门的业务经费（包括旅游产品对外营销经费）相对较少，旅游宣传促销的专业人员短缺且经验不足，缺乏现代化科技手段，宣传促销网络也尚未建立，导致这一时期上海旅游产品的营销工作跟不上快速变化的市场需求。

（二）上海旅游产品体系建设阶段（1997—2002）

1. 体系建设阶段旅游产品概况

在市场需求和产业演化的共同驱动下，上海将其旅游发展定位为都市型旅游。这一科学而准确的定位为上海旅游产品开发指明了方向，也为今后更好地利用上海的旅游资源，并不断挖掘和开发具有上海特色的旅游产品，拓展国内国际客源市场奠定了基础。同时，1997 年上海人均 GDP 突破了 3 000 美元，根据国际经验，这是改变居民消费结构的关键点。以精神消费为核心的休闲娱乐需求将逐渐增强，推动上海城市休闲功能主要的服务对象回归到以本地居民为主的发展轨迹上来，从而促使满足本地休闲需求成为相关旅游产品开发的重要考量因素，旅游产品的体验方式也从游览观光向综合性的休闲娱乐转型。

该阶段，上海旅游产品开发主要体现为三大特点。首先，充分利用历史人文资源和经济中心城市资源的优势，加大与相关产业的融合，带动了文化、体育、工业、农业、科教等相关产业的发展，形成了多元融合的都市旅游产品结构体系，涌现出商务旅游、购物旅游、工业旅游、农业旅游、文化体育旅游、科技旅游等专项旅游产品，丰富了上海旅游产品的内涵。其次，外滩、南京路、豫园等上海传统都市旅游产品风光依旧，同时上海依托近几年上海城市建设的成果，如陆家嘴景观绿地、新天地、衡山路休闲街等，进一步发展都市观光旅游产品，提升上海都市观光游的市场影响力。再次，利用城市郊区的自然风光和江南水乡的人文风貌发展休闲度假产品，扩大了居民和游客的活动空间。最后，充分发挥城市的综合功能，为各个层次的旅游者提供多元化的服务，并逐步开始与其他城市旅游部门建立合作关系，联手开发特色旅游资源，提供旅游专线产品（见表6－2）。

表6－2　1997—2002年核心旅游产品

产品名称	目标客群	产品特色	代表性节点（线路）	体验内容
都市观光游	海外游客 外地游客 本地游客	把旅游景点的建设融于城市建设之中，利用城市日新月异的发展，组成了一批上海旅游的新产品	外滩、东方明珠、金茂大厦、上海海洋水族馆、人民广场、上海大剧院、上海城市规划展示馆、上海博物馆、上海美术馆、龙华寺、静安寺、一大会址、孙中山故居、鲁迅公园、宋庆龄故居	游览观光
都市休闲游	外地游客 本地游客	挖掘上海特有的都市文化资源，对有价值的设施给予修缮，使其旧貌换新颜，增加旅游吸引力	新天地、衡山路休闲街、雁荡路休闲街	游览观光 休闲娱乐
都市购物游	外地游客 本地游客	发挥上海购物品牌多样性的优势，打造“上海购物”的宣传品牌，将购物与休闲融入都市旅游产品体系中	南京路步行街、淮海路商业街、四川北路商业街、金陵东路装潢街、豫园商场、徐家汇商城、陆家嘴商业城、闸北不夜城、福州路文化街	旅游购物
都市农业游	本地游客	通过引进一流的生产设施和科学技术，增加既有农业示范区的旅游接待功能，充分展示新成果、新产品、新设施、新技术的现代农业发展	孙桥现代农业开发区、泗泾都市农艺园、上海市农业科学院科普教育基地、上海市香花桥现代农业区、上海青青生态旅游世界	游览观光 科普教育 农业体验
会展旅游	海外游客 外地游客	通过会展活动的举办提高了城市综合接待能力，丰富了城市综合形象，奠定了亚洲新兴会展旅游城市的基础	上海国际会议中心、上海光大会展中心、上海展览中心等	商务会务 休闲娱乐

续 表

产品名称	目标客群	产品特色	代表性节点（线路）	体验内容
郊区休闲游	本地游客	通过对市郊生态资源的有序开发，已经建成20余个各具特色的旅游度假区，与中心城区的都市观光游之间形成了良好的互补关系	佘山国家旅游度假区、淀山湖度假区、奉贤海湾度假区、南汇滨海度假区、崇明东平国家森林公园、横沙岛	游览观光 商务会务 休闲娱乐
区域旅游专线	外地游客 本地游客	以上海为旅游集散中心，呈辐射状将上海市中心、郊区以及周边地区的旅游景点串联，形成了66条旅游专线	朱家角、周庄、乌镇、同里、苏州、杭州	游览观光

资料来源：根据1997年至2002年的《上海旅游年鉴》相关资料整理。

2. 体系建设阶段旅游产品营销方式

在都市旅游的战略框架下，上海旅游业坚持产品创新和推陈出新，注重旅游业态的整合拓展和深度发掘，逐步确立起独特的上海都市旅游产品体系，相应地采取以下方式积极开拓客源市场，营销旅游产品：

（1）宣传方式内外兼顾

在国际市场方面，上海一方面通过国家旅游局驻外办事处邀请国外的媒体和旅游业界代表团到上海参观考察，让海外业界人士和记者亲身体验上海的核心旅游产品，感受充满活力的上海新貌；另一方面积极参加国际性的旅游展览会并开展海外宣传活动，针对不同的细分市场，推出专业的旅游产品和项目，开展形式多样的现场活动，努力展示上海的多元城市形象。同时，上海旅游主管部门还自行组织旅游企业和区县旅游局赴海外宣传并参加国际旅游展或国外重大的旅游节庆活动，以期充分利用外力宣传上海。

在国内市场方面，首先，上海旅游主管部门每年除了赴周边地区和省市考察、交流以外，还不断参加各省市举办的地区旅游交易会、全国旅游交易会，重点推出了“看新上海”“万国建筑博览游”等都市观光旅游产品以及“上海购物旅游”等都市购物旅游产品。其次，这一阶段，上海旅游主管部门的区域合作意识增强，一方面继续做好外省市来沪旅游的推广工作，另一方面也积极介绍上海的旅游产品，展示上海的旅游新形象，并开始与浙江、江苏共同开发区域旅游专线，加强了同当地旅游部门和旅游企业的合作，进一步巩固了重点市场。最后，为争取北方与南方的客源市场，上海将珠三角地区与环渤海地区核心城市视为潜在客源市场进行战略拓展，宣传上海都市旅游产品，并在当地的主要报纸上刊登整版彩色旅游宣传广告，以增强上海旅游产品的影响力。

在本地市场方面，围绕本地居民日益增长的休闲需求，上海在做好对外宣传的基础上，也大力开展“上海人游上海”等特色旅游产品的开发和宣传工作，充分利用各种媒体，宣传具有都市特色、季节特点的各类旅游产品，提高上海市民的消费能级。

（2）采取多元化的分销渠道

除了依托旅行社、景区、酒店等传统旅游企业发布旅游信息，销售旅游产品以外，上海还利用各部门、各区县、各企业集团与兄弟省市间的经济联系，借助互联网技术，组建旅游宣传促销网络体系与旅游产品预订网。同时，上海也向全国各大旅游网站及时通报上海都市旅游信息，发布黄金周、上海旅游节等相关旅游产品信息与购买方式等，提高买卖双方的市场透明度，降低游客购买旅游产品的市场风险，进一步扩大分销渠道。

（3）建立起长期的市场营销战略

上海逐步执行《上海旅游宣传发展战略规划》，并制定《上海旅游发展三年行动计划》，加强了对上海旅游产品营销的宏观管理，并按照规划的要求，分解任务、梳理项目，鼓励企业参与都市旅游产品开发与营销创新，从而促使各类营销主体共同拓展并实施多样化、专题化及系列化的营销方式，提升上海旅游营销的经济效益。

（4）巩固良好的公共关系

上海一方面利用上海旅游节、上海国际艺术节、上海电影电视节等节庆活动的集聚和连带效应，使更多的游客及本地居民了解、认识上海旅游产品；另一方面，通过电视、报刊、广播等媒体进行宣传并树立舆论导向，在全社会形成“全民参与、共建共享”的上海都市旅游发展共识，获得了市民极大的支持。

（三）上海旅游产品拓展丰富阶段（2003—2009）

1. 拓展丰富阶段旅游产品概况

这一阶段，虽然前后受到“非典”及国际金融危机的影响，但上海旅游业仍然在逆境中抓住上海世博会和庆祝中华人民共和国成立60周年的契机，采取多种措施，促进旅游业的发展和旅游产品的深度开发，呈现出旅游产品创新、旅游产品扩展、区域旅游合作紧密的特点。

就旅游产品创新而言，上海陆续出台了完善的政策体系，推动了产业融合发展，推进了红色旅游、乡村旅游和节庆赛事旅游等产品的深度开发。第一，结合国庆60周年，上海组织开展了各类红色旅游宣传推广活动，挖掘红色旅游资源，打造红色经典，串联红色足迹，重温红色岁月，推动了上海红色旅游的发展。第二，考虑到本地游客的短途度假需求，上海乡村以维护农业生态功能和优化乡村环境为前提，积极改善旅游服务接待设施，开发乡村度假区，并以土地综合整治为平台，在上海郊区关键生态节点建设郊野公园，展现自然人文风貌，为居民提供了新的都市休闲游憩空间。第三，随着居民生活方式的转型，体育旅游作为一种旅游产品，受到越来越多的市民和游客的喜爱。上海也对各项体育赛事进行包装和组合，加快旅游业与体育产业的融合，利用体育赛事的影响力，吸引市民和游客参与到相关体育活动与景区游览中，从而丰富了上海都市旅游产品业态，为上海旅游业发展提供了新的方向。

就旅游产品扩展而言，在既有都市观光游、休闲度假游的基础上，上海进一步整合与开发相关旅游资源，形成了不同主题风格的旅游体验区，丰富了游客的消费选择，拓宽了游客的活动空间。具体而言，在都市观光游产品方面，上海相继推出“外滩旅游专线”“陆家嘴观光专线”“石库门建筑群”等不同主题的都市观光线路。在休闲度假游方面，上海在既有的十大休闲街的基础上，先后整合创建了40条新特色休闲街，将观光娱乐、美食购物、休闲体验融为一体，成为市民和游客理想的娱乐场所。同时，上海大力兴建“口袋公园”，并对老公园进行升级改造，增加休闲设施，将相关文化节庆活动引入城市绿地中，极大地丰富了游客的休闲体验。

就区域旅游紧密合作而言，这一阶段，长三角区域旅游合作关系得到了进一步的发展。以2003年杭州发起的“长三角旅游城市高峰论坛”为标志，城市之间的旅游合作有了常态化、专门化的平台，以品牌共塑为核心的联合营销成为长三角区域旅游合作的重要抓手。在此基础上，相关企业在长三角的市场战略布局更加合理，并在政府部门的大力支持下开拓出丰富多彩的旅游线路。如上海工业旅游促进中心联手江浙地区的旅游景点与旅行社，对工业旅游景点进行组合包装，推出50余条工业旅游路线，包括工业旅游主题线路、世博主题工业旅游线路、工博会主题旅游线路和长三角工业旅游线路等。此外，上海、安徽、江苏、浙江三省一市还签订了《长三角水上旅游合作框架协议》，开发了长三角水上旅游产品，采用“夜行日游、车船衔接”的方式，游客既可选择沿途游览扬州、南京、九华山等风景名胜，又能参与船上组织的丰富多彩的娱乐活动，有效推动了长三角旅游一体化建设的进程（见表6－3）。

表6-3 2003—2009年核心旅游产品

产品名称	目标客群	产品特色	代表性节点（线路）	体验内容
都市观光游	海外游客 外地游客 本地游客	都市海派风情、鳞次栉比的高楼大厦、繁华的商业街市、风格别致的石库门和老洋房共同构成了独特的都市旅游景观	外滩游览区、陆家嘴休闲观光旅游区、人民广场游览区、老城厢游览区、石库门建筑群、浦江大桥、上海长江隧桥	游览观光
休闲度假游	本地游客	环境优美的公园绿地、各具特色的休闲街、功能齐全的休闲度假区和田园风光的农家乐等成为休闲度假的好去处	公园绿地：世纪公园、大宁灵石公园，以及延中绿地、徐家汇公园等一批标志性大型景观绿地 特色休闲街：新天地、浦东新区滨江大道、多伦路、衡山路、梅川路、上海老街、七宝老街、雁荡路休闲街、虹梅路休闲街 郊区旅游度假：佘山国家旅游度假区、太阳岛旅游度假区、奉贤海湾旅游区、崇明瀛东生态村	游览观光 休闲娱乐
都市购物游	外地游客 本地游客	观光、购物、文化和休闲功能更趋完善，购物节活动五彩缤纷，为游客提供了丰富的购物旅游产品	南京路步行街、淮海中路商业街、四川北路商业街、豫园旅游商城、徐家汇商城、新上海商业城、上海火车站不夜城商城、南京西路梅泰恒、五角场商圈、大宁绿地商圈、中环商圈、虹桥商圈	旅游购物 休闲娱乐
都市农业游	本地游客	通过引进一流的生产设施和科学技术，增加既有农业示范区的旅游接待功能，充分展示新成果、新产品、新设施、新技术的现代农业发展	孙桥现代农业开发区、泗泾都市农艺园、上海市农业科学院科普教育基地、上海市香花桥现代农业区、上海青青生态旅游世界	游览观光 科普教育 农业体验

续 表

产品名称	目标客群	产品特色	代表性节点（线路）	体验内容
都市美食游	本地游客	中华饮食汇集上海，各大菜系相互借鉴融合，形成享誉中外的上海美食	40 家中华餐饮名店，7 家国家级特级餐饮，24 家上海市著名商标企业，31 家上海餐饮名店；上海旅游美食节等节庆活动	休闲娱乐 特色餐饮
都市节庆游	本地游客	在挖掘传统文化的基础上分时段开发出多类节庆活动，与上海旅游节、上海国际茶文化节等品牌旅游节庆活动交相辉映，为都市旅游增添新亮点	豫园新春民俗艺术灯会、元宵灯会、东方女儿节、上海奉贤菜花节、上海国际茶文化节、上海马陆葡萄节、上海旅游节、上海国际音乐烟花节、上海国际艺术节	文化演出 休闲娱乐
红色旅游	外地游客 本地游客	免费开放上海所有的全国爱国主义教育基地，推出专题旅游产品和线路，吸引更多游客	整合上海 60 处红色旅游景区，推出以“红色追忆”“红色成果”“红色连线”等为主题的精品线路，主要景点包括中共一大会址纪念馆、龙华烈士陵园、宋庆龄陵园、陈云故居、中共二大会址纪念馆、团中央机关旧址纪念馆、李白烈士故居等	游览观光 爱国主义教育
乡村休闲游	本地游客	农家乐、现代农业园区和农艺园、郊野森林公园、农业节庆、古镇旅游等构成上海多元化的乡村旅游产品体系	农家乐旅游：崇明前卫村和瀛东村、嘉定毛桥村・华亭人家、浦东新区南汇书院人家等 现代农艺园区：浦东新区孙桥现代农业园区和南汇桃博园、嘉定马陆葡萄主题公园和沥江农家园等 郊野森林公园：东平国家森林公园、吴淞炮台湾湿地森林公园、上海滨江森林公园等 古镇旅游：闵行的七宝和召稼楼、宝山的罗店、嘉定的南翔和娄塘等	游览观光 休闲娱乐 农业体验

续　表

产品名称	目标客群	产品特色	代表性节点（线路）	体验内容
体育旅游	本地游客 外地游客	在上海举办的国内外各项体育赛事和群众体育活动接连不断，吸引众多上海市民和海内外的游客，掀起一次次体育旅游热潮	上海体育场、上海体育馆、上海游泳馆、源深体育发展中心、虹口足球场、江湾体育场、上海国际赛车场等；黄兴体育运动公园、浦东体育公园、杨浦体育公园、闵行体育公园	休闲娱乐 体育健身
科普旅游	本地游客	上海持续推进科普旅游发展，推出会员卡和家庭年卡制度，6 家科普旅游场馆建成开放，8 条成熟的旅游线路受到市民游客的喜爱	西部科普旅游线路：长风海洋世界—纺织服饰博物馆—消防博物馆—苏州河梦清圆环主题公园 浦东高科技园区科普旅游线路：上海磁浮列车—张江高科技园区—集成电路科技馆—中医药博物馆—超级计算中心 东部科普旅游线路：金罗店农业生态园—海军博物馆—吴淞炮台湾湿地公园—中国武术博物馆	科普教育
区域工业旅游	本地游客 外地游客	进一步整合旅游资源，与长三角地区各省市旅游业的联动，开发新产品，推出 50 余条工业旅游线路	上海及苏浙皖的 125 个工业旅游景点，包括工业企业、行业博物馆、创意产业集聚区，代表性线路包括“历史沉淀，百年沧桑”“老建筑，新创意”“‘清洁’城市的未来”等	游览观光 科普教育
区域水上旅游	本地游客 外地游客	水上旅游基础设施建设取得新进展，苏州河开启试航之旅，上海至九江的长江客运航线复航，并被改造为上海首条长江中下游的水上旅游航线	浦江游览、苏州河游览、郊区水上游览 长江中下游旅游航线：扬州、南京、九华山、庐山或上海至九江单程航行	游览观光 休闲娱乐

资料来源：根据 2003 年至 2009 年的《上海旅游年鉴》相关资料整理。

2. 拓展丰富阶段旅游产品营销方式

这一阶段，上海旅游业紧紧围绕上海世博会的筹办工作，积极开展营销活动，加快旅游重点项目建设，提高旅游服务水平，全力推进长三角地区旅游市场一体化进程。从接待人数上看，尽管接待境外游客人数下降了1.8%，但接待境内游客人数上升了12.3%，国内旅游总收入增长12.8%，体现出释放内需已成为促进上海旅游业可持续发展的关键动力，而上海旅游营销工作的开展也在一定程度上提升了上海作为旅游目的地的综合吸引力。该阶段，上海旅游产品营销采取以下方式：

（1）宣传方式对内为主、对外为辅

在境外市场方面，首先，上海围绕上海世博主题，大力开展世博旅游宣传推介工作。主要采取的方式仍以参加国际旅游展和邀请业界媒体来沪考察为主，但参展频率与邀请媒体规模都大幅提升。其次，上海借助中国（上海）国际奖励旅游及大会博览会、世界旅游资源博览会、世界旅游记者联合会等众多国际旅游会议宣传推介上海旅游产品，吸引境外游客，并积极组织各地区的旅游官方机构、大型旅游企业、航空公司以及商会等开展双向合作交流活动，共同创建国际旅游合作平台，推广上海旅游产品。上海市旅游局针对性地在相关国际媒体上，包括澳大利亚CIM会奖杂志，《福布斯杂志》亚洲版、英国《金融时报》、美国的Travel & Leisure等主流媒体上介绍上海旅游产品，并结合相关软文提升宣传效果。

在境内市场方面，首先，上海召开了世博主题推介会，宣传推广上海旅游产品。相关部门与单位将核心旅游产品推广融入世博主题的演绎之中，邀请各省市驻沪办事处和新闻媒体，采取情景剧、现场演出、多媒体推介等多种形式组织开展活动，对既有产品进行重新组合，推出一批与上海世博会接轨的旅游产品，受到游客的普遍关注与欢迎。其次，主动参加国内旅游交易会及区域性旅游交易会，将核心旅游产品元素融入展台搭建中，以此反映老上海“十里洋场”的繁华和新上海国际化都市的时尚与现代。再次，相关部门制作了2种地图类、9种手册类、3种折页类旅游宣传资料约10万份以及部分旅游纪念品，利用各种旅游宣传推广活动向游客推介旅游产品，并提供相应的旅游服务。最后，上海主动参与到长三角旅游一体化的推介活动中，并与苏、浙、皖等省联手主办“迎世博”大型旅游活动推介会，打造跨区域的旅游产品，借助各类媒体引导市民扩大出行范围，提升消费能级。

(2) 互联网引发旅游产品分销渠道重构

互联网的广泛使用在一定程度上改变了上海旅游产品的买卖模式。在智慧旅游的普及下，一方面游客可以根据自身的消费需求，直接通过互联网了解旅游信息，购买旅游产品，另一方面，旅行社或旅游代理商通过合理利用信息技术，降低成本，重组业务流程，选择细分市场，为游客提供更为个性化的服务产品。此外，上海旅游主管部门还在全国范围内率先推出“上海都市旅游卡”，功能覆盖吃、住、行、游、购、娱等多个方面，对旅游产品的开发与推广起到了积极的作用。

(3) 政府走到区域旅游合作的前台

旅游形象的塑造和联合营销成为区域旅游合作的重点，各地政府在推动旅游公共服务设施建设，搭建旅游企业合作平台，打造“无障碍旅游区”等方面达成共识，并借此提升长三角区域旅游服务的“软实力”。

(4) 政府组织各类活动，增强上海市民参与旅游的获得感

一是旅游主管部门推出“百万市民百元游上海”系列活动，让居民在体验旅游产品的过程中，阅读上海、了解上海。二是为了了解居民的消费需求，并促进核心旅游产品的更新换代，上海市政府发起“新沪上八景”“上海十佳灯光”的评选活动。旅游企业根据票选结果，重构旅游产品，这既对旅游产品的开发和完善起到了积极作用，又增强了居民对发展旅游

的认同感。

（四）上海旅游产品区域创新阶段（2010年至今）

1. 区域创新阶段旅游产品概况

该阶段，上海围绕建设“世界著名旅游城市”，进一步重视并加强旅游资源整合及旅游产品开发。首先，对传统观光、休闲旅游进行全面升级，丰富观光游的内涵，拓宽休闲游的时空范围，进而推出“四季上海”这一全域旅游产品，将文、体、商、农、工等多种产业元素融入旅游业之中，为居民提供不同主题、不同体验方式的应季旅游产品。其次，随着人们对传统的以物质产品为主导的消费需求开始下降，而对以精神产品为主导的消费需求迅速攀升，博物馆旅游成为上海居民新的诉求。在此背景下，上海市旅游部门同市文化广播影视管理局、市文物局推出“博物馆巴士游”主题旅游产品，并向市民游客发放专为该主题活动定制的手绘游览地图及纪念品，帮助市民游客高效游览上海众多博物馆，体验上海的文化风情。最后，在黄浦区“城市微旅行”的基础上，上海正式创新推出“微游上海”系列产品，对黄浦、徐汇、长宁、虹口、静安5个中心城区的特色旅游资源进行有机组合，形成主题鲜明的微游线路，从不同角度展示上海的魅力。总之，这一阶段上海市域范围内的旅游产品开发都是在既有旅游资源或产品的基础上，增加更多的体验元素，丰富已有产品的文化内涵，使其更能符合市民和游客多元化的消费需求。

值得注意的是，这一阶段，政府间的合作平台搭建完备，以高铁为代表的交通基础设施的互联互通成为区域旅游合作的新亮点。沪杭高铁、京沪高铁、宁杭甬高铁、杭长高铁、合福高铁分别于2010年、2011年、2013年、2014年和2015年建成通车，加上高速公路网络的进一步加密和优化，为长三角跨城市出游提供了高效多样的自主交通选择，客观上极大地促进了区域间的旅游联系。与此同时，2010年上海世博会将长三角区域旅游合作推向了一个新高度，沪苏浙皖三省一市旅游主管部门先后签署《区域旅游一体化合作框架协议》《长三角地区率先实现旅游一体化行动纲领》等重要文件，聚焦区域性的旅游资源，以“发现·体验长三角城市群”为主线，策划定制旅游产品，为中外游客提供优质的旅游服务。上海旅游主管部门与其他省市旅游主管部门共同探索与实践，研发出“世博主题”体验之旅、“茶香文化”体验之旅、“心醉夜色”体验之旅、“岁月余味”体验之旅等系列产品，拓展了新的合作领域与发展空间，提升了长三角旅游业的整体形象，也使上海旅游产品得到了更为有效的宣传（见表6－4）。

表6－4　2010年后的核心旅游产品

产品名称	目标客群	产品特色	代表性节点（线路）	体验内容
四季上海	本地游客	融合文、体、商、农、工等多种产业，为市民游客推出一个“天天精彩”的“四季上海”	春天以踏青赏花为核心，推出以赏花为主题的节庆活动，如上海花展、上海桃花节、上海樱花节、松江春游节等； 夏天以“夏日夜生活”“夏日水狂欢”为核心，推荐新天地、衡山路、闵行老外街等酒吧及松江玛雅海滩水公园、金山城市沙滩、奉贤碧海金沙、青浦东方绿洲为主要的游玩场所； 秋天以节庆活动为主要的旅游产品，重点推出上海旅游节、上海国际艺术节、大师杯网球赛、国际汽车世界耐力锦标赛等艺术节庆和体育赛事； 冬天以养生旅游为主要旅游产品，青浦太阳岛、松江雪浪湖等度假村提供养生套餐吸引游客	休闲娱乐 文化体验

续 表

产品名称	目标客群	产品特色	代表性节点（线路）	体验内容
博物馆巴士游	本地游客	都市观光巴士线路覆盖沪上近20家博物馆，将上海旅游的精华串联成线，帮助市民游客方便高效地游览上海众多博物馆及周围景点	上海必看博物馆TOP5：上海博物馆、上海城市规划展示馆、中共一大会址纪念馆、豫园、上海孙中山故居纪念馆 经典老上海博物馆TOP5：邮政博物馆、电信博物院、童涵春堂中药博物馆、周虎臣曹素功笔墨博物馆、老相机制造博物馆 艺术类博物院TOP5：上海博物馆、当代艺术馆、吴昌硕纪念馆、琉璃艺术博物馆、震旦博物馆	游览观光 科普教育
微游上海	本地游客	产品采取“城市行走”这种健康低碳的方式，让市民游客在行走中体味上海丰富多彩的历史文化积淀	“黄浦印象——漫步三公里，城市微旅行”“人民广场环线徒步，见证上海建筑文化与时代变迁”“品味豫园民俗与风情”“外滩环游线路”“漫步苏州河”“寻宝老城厢”“遇见邬达克”“对话张爱玲”“聆听虹口”“风云上海滩”	游览观光 文化体验
工业考察线路	本地游客	旅游主管部门整合上海的资源优势，通过加强旅游业与工业的融合，开发一批具有科技特色的旅游产品，展现上海“科创中心”的城市形象	“新能源打造绿色生活”：上汽集团股份有限公司乘用车公司—上海比亚迪有限公司 “工业环保—城市发展新动力”：上海开能环保净水产业园—上海新金桥环保有限公司 “创新信息技术、建设智慧城市”：上海集成电路科技馆—上海市云计算创新展示中心 “装备制造业发展的新引擎”：上海电气临港重型机械装备有限公司十三一重工等 “工业机器人—高科技引领未来”：上海发那科机器人有限公司—库卡机器人（上海）有限公司	游览观光 科普教育

续 表

产品名称	目标客群	产品特色	代表性节点（线路）	体验内容
健身休闲游	本地游客	上海市旅游主管部门联合各区县旅游局向市场推出一系列体旅结合的旅游产品，包括骑行和步行线路，让市民游客背起背包健康游上海，感受都市时光	武康路骑游线、徐家汇景区骑游线、世博大道骑游线、临港新城骑游线、宝山环区生态步道骑游线、嘉定人文骑游线、奉贤庄行金色观光大道骑游线、青浦环淀山湖步行骑游线	游览观光 运动健身
“世博主题”体验之旅	海外游客 外地游客 本地游客	本产品以“城市，让生活更美好”为主题，旨在将上海世博会中国馆和主题馆的理念加以延伸与拓展，把长三角视为放大的“世博园区”，引领中外游客感受与体验	上海黄浦江、十六铺、临汾街道，南京明朝文化、明孝陵、1912 街区，苏州周庄、盘门，无锡灵山，杭州西湖、西溪湿地，黄山等 20 个示范点；“经典百年都市，诗画人间天堂”“名人最爱的名城名湖名山”等 10 条最受欢迎线路	游览观光 休闲娱乐
“茶香文化”体验之旅	海外游客 外地游客 本地游客	本产品以“茶传中外，香飘中外”为主题，旨在通过挖掘江南独特的茶院、茶乡、茶园、茶馆、茶艺等茶文化资源，让中外旅游者亲身体验和感受江南茶文化	上海豫园湖心亭茶楼、半岛酒店英式下午茶、桂林公园四教亭、大可堂，南京雨花台茶园，苏州东山/西山茶园，无锡宜兴湖，镇江江苏茶博会，泰州老街等 20 个示范点	游览观光 品茶体验 休闲娱乐
“心醉夜色”体验之旅	海外游客 外地游客 本地游客	本产品以“足留溢彩，手摘星辰”为主题，最大限度地拓展城市文化旅游空间和延长城市文化旅游时间，吸引海内外旅游者观赏夜间旅游景观，体验丰富的夜间旅游活动	上海徐家汇源、西区老洋房、浦东滨江大道、黄浦江夜游、新天地、老外街，南京 1912 街区，苏州金鸡湖，无锡清名桥古运河，杭州清河坊，宁波老外滩等 20 个示范点	游览观光 休闲娱乐

续 表

产品名称	目标客群	产品特色	代表性节点（线路）	体验内容
“岁月余味”体验之旅	海外游客 外地游客 本地游客	本产品以“物载变迁，情怀永远”为主题，旨在通过挖掘长三角地区老城区、老洋区、老厂房、老运河、老码头、老仓库、老弄堂等历经岁月沉淀的别具风貌的建筑和人文风情，让中外游客深度感受和体验独具江南魅力的吴越、徽州和海派文化	上海犹太难民聚集区、武康庭、思南公馆、老码头、新华别墅、国际时尚中心，扬州东关街、个园，南京老门东、高淳椏溪，苏州平江历史街区，盐城大丰知青农场，嘉兴海盐南北湖等20个旅游示范点	游览观光 休闲娱乐

资料来源：根据2010年至2016年的《上海旅游年鉴》和《非常旅行》[1]一书的相关资料整理。

2. 区域创新阶段旅游产品营销方式

市场化和开放型改革为上海旅游产品营销提供了动力源泉。上海“五个中心”功能的提升、上海世博会后续效应以及长三角一体化等为上海旅游业发展提供了现实的机遇，上海旅游业进入了深化都市旅游发展的新阶段，产业体系建设、营销方式选择等各个方面都实现了明显突破。该阶段，上海旅游产品营销主要有以下几方面的特点：

（1）对外宣传

首先，近程市场以公众促销为主、远程市场以展会促销为主的，采取“展示+销售”的立体化营销方式，进一步完善了细分市场的推广模式。其次，联手航空公司、酒店集团和驻外相关机构，吸引国际旅游批发商和媒体来沪考察相关旅游产品，并聘请“上海会议大使”，推进会议旅游市场的发

[1] 上海市旅游局，江苏省旅游局，浙江省旅游局，等.非常旅行——长三角城市旅游群“主题+体验”之旅［M］.上海：东方出版中心，2017.

展。再次，加强与国际航空公司的合作，在多个国家航空公司的航线上，播放上海旅游宣传片，推广上海核心旅游产品。最后，依托 Trip Advisor 及 Lonely Planet 等国际知名旅游平台，利用微博、脸书、Instagram、微电影等新媒体扩大上海旅游产品的受众范围和影响力。

（2）对内宣传

首先，上海开展“美丽中国·经典上海”的推广活动，活动分设“乐游上海”“智慧上海”“经典上海”“生态上海”四大板块。不同板块对应上海不同的旅游产品，让市民、游客在参与游戏、互动体验的过程中了解上海旅游产品和相关旅游咨询信息。其次，原上海市旅游局指导创办《四季上海》杂志，并将杂志从起初的季刊升级为周刊，以便将上海一周的旅游热点及时传递给市民游客。同时，原上海市旅游局官方微博、微信以及传统电视、报纸媒体还会进行线上产品推广。相关部门还深入商场、地铁等场所，举办不同主题的线下活动，如主题摄影活动或摄影展等，向市民游客推广当季最热门的旅游产品。再次，通过挖掘上海不同旅游产品的文化内涵，原上海市旅游局拍摄并播放上海旅游纪录片《发现新上海》，系统地向观众展示上海的“每一面”。最后，在区域层面，上海同其他省市政府合力推出各类长三角城市群旅游产品奖项，在鼓励产品创新的同时，制造良好的社会舆论环境，推广区域专项旅游产品。

（3）分销渠道选择

越来越多的旅行社、景区和酒店通过互联网进行产品组合、销售与推广。其他类型的旅游企业也开始借助互联网，拓宽自身产品的销售渠道。如南京路、淮海路等商业街区利用电子商务和移动互联网新技术改造传统商业模式，帮助实体商业实现自我变革与转型。

（4）旅游主管部门引导协调

在旅游产品营销中，旅游主管部门的引导与协调作用逐渐增强。一方面加大“放管服”的改革力度，持续改善营商环境，引导有序竞争，将大量相关产业元素不断融入旅游产品的组合生产中，满足了细分市场的消费需求；另一方面协调区域发展，在长三角地区建立起高层次、全方位的长效工作机制，将产品营销带入了共同整合资源、共同研发产品、共同培育品牌、共同促销推广、共同分享成功的“同城时代”。

此外，为使居民感受到长三角旅游一体化的红利，长三角三省一市相继颁布优惠政策，鼓励游客购买相关旅游产品，如位于长三角“科创走廊”沿线的城市都在特定月份内对沿线其他城市居民提供不同程度的门票折扣优惠。同时，以便捷交通互连为代表的基础设施与公共服务合作大大提升了长三角城市群的旅游服务水平，在客观上满足了游客“低单位成本偏好”与“消费多样性偏好”，使得供给侧与需求侧之间形成良好的耦合关系，有利于区域旅游产品的推广。

三、小结

自改革开放以来，上海旅游产品的开发与营销走了一条颇具中国特色的市场化道路，在产业规模初具、市场体系逐渐完善的条件下，上海旅游产品线创新与拓展在更为实际的纵深层面上推动了上海旅游业的发展，丰富了上海旅游业的内涵。本案例基于对上海四个旅游产品开发阶段及所采取的营销方式的梳理与分析，最终得出以下结论与启示。

第一，旅游产品开发由单一走向多元，由市域扩展到区域。可以看出，在不同阶段，上海旅游产品呈现不同的形态。在改革开放初期，上海旅游产品的设计思路单调，类型单一；伴随着市场改革的深入，上海都市旅游产品体系逐步建立，并在产业融合的过程中，实现了产品线的拓宽，推进了旅游产品的深度开发；如今，在长三角一体化发展的背景下，上海主动参与到区域旅游专项产品的开发中，在寻求合作共赢的同时，最大限度地提升游客的获得感。正是因为这样与时俱进的产品创新与开发，使得上海旅游业的发展绩效及综合竞争力表现不断提升。

第二，营销对象内外兼顾，市民游客在上海旅游产品营销中的重要性逐步提升。改革开放初期，旅游业是上海外事接待的重要组成部分。因此，营销对象也以境外游客为主，上海希望通过吸引境外游客，增加外汇收入。随着我国居民人均收入水平的提升，上海接待境内游客的数量也大幅提升，促使上海旅游部门倾向于采取差异化的营销方式，巩固重点市场，开拓潜在市场。上海人均 GDP 达到 3 000 美元之后，休闲大众化逐渐成为上海市民的生活常态，市民大量参与到本地旅游活动中，激发了旅游产品的创新活力，使上海旅游业能够抵御“非典”、国际金融危机等带来的外部需求波动，增强了旅游业发展的内生能力。这就促使上海旅游部门不断加大针对市民游客群体的营销工作，通过开展节庆活动、促销活动，提升旅游服务水平等方式构建良好的公共关系，获得了市民对发展旅游业的大力支持。

营销方式走出去、引进来相结合，线上、线下相结合。所谓“走出去、引进来”是指，一方面，在不同时期，上海都积极参加海内外的旅游展销会、国际旅游会议等活动，针对不同类型的客源地采取不同的产品推广模式，并在日本等主要境外客源地以及苏浙皖等主要境内客源地举办旅游产品公众宣传活动，向当地居民宣传上海旅游形象；另一方面，上海也广泛邀请境内外媒体、考察团来沪体验相关旅游产品，切身感受上海的城市魅力。所谓“线上、线下相结合”是指，上海旅游产品的营销媒介也在不断更新，原上海市旅游局在整合传统媒体广告平台，布局平面媒体、电视媒体等传统媒体的基础上，还采取了以下措施：一是采取活动营销的方式，依托线下节庆活动和大型赛事线上平台宣传推广都市旅游产品；二是寻找新的合作伙伴，利用携程、驴妈妈、马蜂窝等专业旅游平台推广旅游产品；三是运用新媒体，如制造微博话题、制作“乐游上海”微信推送，方便潜在游客群体及时掌握旅游资讯，了解产品信息。

互联网促使旅游产品分销渠道由单一走向多元。随着互联网在旅游业中得到广泛应用，上海旅游产品的分销渠道逐渐呈现出多元网络化的发展趋势。在互联网普及应用前，上海旅游产品的分销渠道以传统旅行社为核心；互联网普及应用后，上海出现了传统旅行社的网络分销模式、游客在线预订的分销模式以及旅游商品平台的直销模式。在传统旅游产品的分销关系上，旅行社的中介优势减弱，并从分销核心转变为辅助中心；在个性化、专业化的旅游产品分销关系上，旅行社充分发挥了资源的重组优势，重新获得了生存与发展的空间。

营销主体由政府主导转为多方协作。改革开放初期，政府凭借其独特的行政职能优势承担着最主要的旅游产品营销工作。随着促进行业健康发展的政策措施以及加强行业管理的法令法规的不断出台，旅游产业市场准入障碍基本扫除，行业内的所有制形式日益多样化，市场规则逐步形成。由此，越来越多的企业参与到旅游产品营销方案的设计中，从而在政府规划的统筹下形成合力，提升了旅游产品的营销效益。

上海邮轮旅游发展与营销实践

现代邮轮业经历了20世纪60年代末至70年代初的萌芽阶段、20世纪70年代至80年代的诞生阶段、20世纪80年代至90年代的成长开拓阶段以及20世纪90年代中晚期之后的繁荣成熟阶段，已经成为全球休闲与旅游业中发展最迅速的业务之一。近十年来国际邮轮旅游业增长迅速，全球邮轮游客从2009年的1 780万人次增长到2017年的2 670万人次，增长率超过50%，2018年这一数字接近2 800万人次（见图7－1）。邮轮旅游业能在半个多世纪里实现蓬勃发展，主要得益于北美、欧洲以及最近亚洲和澳大利亚等市场的快速增长。国际邮轮协会2018年6月发布的最新报告显示，2017年全球邮轮旅游业继续保持积极的发展态势，邮轮游客数量同比增长6%左右，其中北美和欧洲地区是最大的邮轮市场，游客量分别达到1 300余万人次和690余万人次；亚洲邮轮游客量为406万人次，年增长率超过20%，成为全球发展最快的新兴邮轮市场；而美国以拥有近1 200万邮轮游客的规模成为全球第一大客源国，其次是中国（239.7万人次）和德国

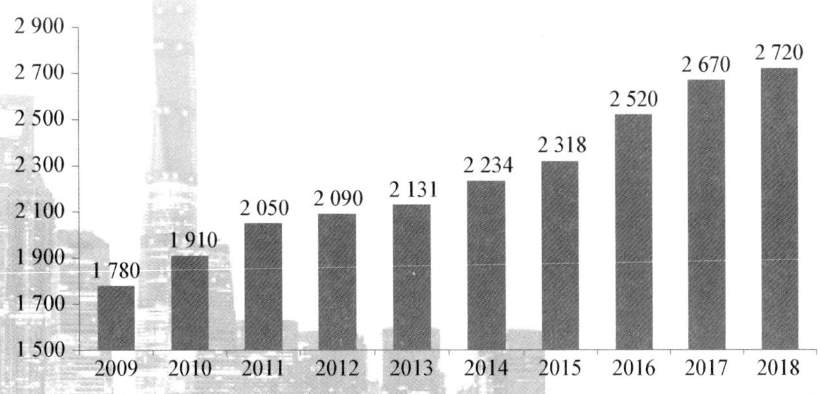

图7－1　2009—2018年全球远洋邮轮游客数量（单位：万人次）

（218.9 万人次）。

在经历了近半个世纪的快速发展后，全球邮轮产业开始由欧美地区向亚太、南美以及中东等市场倾斜。特别是亚太地区已经开始成为全球邮轮经济新的增长点。在此背景下，中国邮轮产业经历了十余年快速发展，成为邮轮公司竞相争夺的新兴邮轮市场。中国交通运输协会邮轮游艇分会（CCYIA）的统计数据表明：2017 年上海、天津、大连、青岛、舟山、温州、厦门、广州、深圳、海口、三亚等 11 大邮轮港口全年共接待邮轮 1 181 艘次，同比增长 17%；其中，母港邮轮 1 098 艘次，访问港邮轮 83 艘次；共接待出入境游客 495.4 万人次，同比增长 18%，其中母港游客 428.97 万人次，入境邮轮游客 27.75 万人次。[1] 中国已成为亚太地区邮轮航线的重要始发港和环球航线的重要挂靠港，并超过德国成为全球第二大邮轮客源国。

2006 年，中国第一艘国际母港邮轮歌诗达“爱兰歌娜”号（Costa Allegra）在上海北外滩国际客运中心起航，揭开了中国邮轮产业发展的序幕。2011 年，上海吴淞口国际邮轮港开港，为中国成为全球邮轮业的战略性新兴市场打下了基础。2016 年，中国邮轮游客数量突破 200 万，首次超过德国成为全球第二大客源市场，而上海吴淞口成为亚洲第一、全球第四大邮轮母港。上海将充分发挥区域优势和区位特点，努力将邮轮经济打造成“四大品牌”中的重要板块。

[1] 汪泓，邮轮绿皮书：中国邮轮产业发展报告（2018）[M]，北京：社会科学文献出版社，2018.

一、上海港国际客运中心现状

上海港国际客运中心的功能定位为接待中小型邮轮母港和作为浦江游船、内河邮轮基地，位于上海市虹口区东大名路以南的黄浦江边区域，靠近外滩，毗邻两条上海地铁线，并与陆家嘴、东方明珠电视塔隔江相望，交通便利，与浦东国际机场、上海虹桥国际机场、上海火车站、上海虹桥火车站、上海吴淞口国际邮轮港的距离均在 50 公里以内。上海港国际客运中心拥有 882 米码头岸线，247 米辅助岸线，现有 3 个邮轮泊位和 15 个游艇泊位，可供邮轮、游艇、游船等停靠。上海港国际客运中心是一个集邮轮码头和商业办公为一体的邮轮码头，包括国际客运码头、港务大楼、写字楼以及艺术画廊、音乐文化中心等相关建筑和设施，并于 2011 年通过英国劳氏船级社质量体系认证，成为世界首个获得劳氏认证的邮轮码头。

“十二五”期间，上海港国际客运中心已从单一的邮轮码头运营商转变为邮轮产业综合服务商，通过不断拓展邮轮延伸业务，现已发展成为集免税商品销售、邮轮旅游、餐饮、进口商品超市、跨境电商、码头场地租赁、保税仓储、供船、船代、进口商品贸易等多种业态于一体的多元化企业。目前，上海港国际客运中心开发有限公司拥有下属投资企业 8 家，即上海港国际邮轮旅行社有限公司、地中海邮轮旅行社（上海）有限公司、上海港国客商业资产管理有限公司、上海港中免免税品有限公司、上海尚九一滴水餐饮管理有限公司、万航旅业（上海）有限公司、上港船舶服务（上海）有限公司、上海中意海歌邮轮咨询有限公司。

以水上旅游产业为切入点，以“互联网+”创新融合为抓手，“十三五”以来，公司不断推进上港邮轮城配套商业、文化、旅游的融合发展，并充分利用其地理位置优势，塑造北外滩邮轮码头商业活动新地标，打造集特色餐饮、购物消费、休闲娱乐为一体的城市滨江商业综合体。

（一）聚焦邮轮游艇产业，打造水上旅游综合体

1. 邮轮码头靠泊业务

上海港国际客运中心邮轮码头共拥有 3 个大型泊位，是世界上第一家通过劳氏 ISO 9001 质量认证的邮轮码头。根据上海市交港局的统一部署，由于杨浦大桥限高因素，7 万吨以下的邮轮靠泊国客中心，7 万吨以上的邮轮靠泊吴淞口邮轮码头，外高桥海通码头作为备用码头。三个码头共同形成了上海港邮轮码头“两主一备，协同发展”的模式。上海港国际客运中心邮轮码头业态共有三种：国际客货定期轮班、访问港邮轮、母港邮轮，其中母港邮轮航线以上海到日本、韩国航线为主。通过信息科技手段，国客中心始终为邮轮旅客和邮轮公司提供安全、便捷、高效的全方位服务。2016 年，国客中心共计接待各类船舶 143 艘次，出入境总人数 5.75 万人次。

2. 邮轮票务销售渠道

上海港国际客运中心下属的上海港国际邮轮旅行社有限公司（以下简称“上港邮轮”）是国内第一家专业提供邮轮票务销售的旅行社，经营日韩航线、中国台湾航线的上海母港销售，以及航线遍布海外 300 多个国家及地区的港口和目的地的长线邮轮产品，同时提供国内、国际旅游组团业务，船票、机票、火车票及酒店等预订服务。多年来，上港邮轮先后运营了多个包船航次，并于 2011 年获得歌诗达邮轮中国区船票销售冠军，2013 年获得丽星邮轮中国区船票销售亚军。2013 年，上港邮轮创建了国内首个 B2B 邮轮票务销售渠道服务平台“邮游通”，实现了中、小旅行社间的邮轮产品资源共

享，在销售、财务、客户关系管理等方面实现一体化管理，提高了邮轮产品分销效率，是中国邮轮票务销售的一大创举。目前，面对消费者的邮游通平台 C2B 模块也已初步验收，集成了引航站靠港离港等公共信息服务及免税商品销售信息服务等功能。上港邮轮积极与旅游集团合作，加大邮轮度假产品营销力度，努力打造"上港邮轮、上乘服务"的品牌。

除母港邮轮票务销售渠道外，公司还与地中海邮轮合资成立了地中海邮轮旅行社（上海）有限公司，开展长线邮轮票务销售，近年来业务呈现出稳步增长的趋势。2014 年 4 月，地中海邮轮旅行社（上海）有限公司经营中国公民出境旅游业务资质获得国家旅游局批复，成为国内第一家受益于上海自由贸易试验区扩大开放政策的中外合资旅行社。

3. 邮轮船舶服务及保税仓业务

上海港国际客运中心北外滩公用型保税仓库于 2013 年 8 月 19 日获得上海海关批准设立，是上海唯一一家位于市中心的公用型保税仓库。保税仓库主要功能定位为游艇保税展示销售、邮轮物资保税供应、红酒保税仓储等。通过全资子公司上港船舶服务（上海）有限公司，进一步将邮轮码头主营业务与船舶供应、进出口贸易及公用型保税仓整合起来。通过整合优势资源，上海港国际客运中心逐步形成差异化的核心竞争能力，将打造国际邮轮、游艇公司在亚洲地区物资采购的国际转关中心，体现邮轮游艇经济的规模效应，并进一步打造具有全球资源配置能力的国际邮轮母港。

4. 邮轮口岸免税店业务

上海港国际客运中心与中国免税品（集团）有限公司合资成立的上海港中免免税品有限公司取得了良好的发展势头，进一步加强了邮轮口岸免税品销售业务，并逐步将业务拓展至吴淞邮轮港和上海火车站。随着上海母港邮轮业务的拓展，上海港中免免税品有限公司的销售额逐年大幅度增长，成为引领公司经济发展的火车头。上海港中免免税品有限公司销售的免税品主要包括：与全球同步上市的香水化妆品；不同风格、款式各异的旅游商品、皮具、眼镜、电器、箱包等时尚精品；中外知名的卷烟、雪茄、白兰地、威士忌、红酒、白酒、巧克力、糖果、饼干等商品。

5. 邮轮行业杂志

上海港国际客运中心于2010年起创办了行业内刊《邮轮志》，每月出版一期，截至2017年4月，已合计出版了86期。目前，《邮轮志》已成为业内极具知名度的行业刊物，为希望了解邮轮行业最新专业资讯的业内人士提供了一个良好的综合信息平台，受到业界人士的广泛肯定。

6. 特色游轮航线

上海港国际客运中心于2013年起，与重庆新世纪游轮公司开展战略合作，开辟以上海为始发港的长江周末游航线，共同推动长江中下游区域的游轮市场。同时，公司积极开拓水上游览项目，形成邮轮、游艇、游船“三游产业”的集聚效应，打造北外滩独特的、高端的水上旅游枢纽港。

7. 游艇全产业链

上海港国际客运中心是上海港唯一一家经上海市政府审批通过具有外籍游艇靠泊管理资质的专业码头。2013年来，国客中心积极打造游艇俱乐部品牌，旨在成为华东地区功能最完善的游艇产业基地和国际一流的水岸休闲度假区。线上集成游艇产业供求信息，打造游艇电商综合平台，线下整合相关资源，构建上海港首个游艇产业综合服务体系，目前已形成了涵盖游艇销售、游艇配件销售、游艇展览展示、游艇保养和维修、游艇俱乐部管理、游艇租赁和游艇驾校等游艇全产业链的相关服务功能。2015年4月，上海港国际客运中心荣膺全球顶级游艇品牌阿兹慕AZIMUT的华东区总代理，成功销售多艘进口游艇。

此外，公司也在积极探索实现游艇消费大众化及“互联网+”。借助电商平台，以“互联网+”和O2O的运营模式，拓展境内游艇消费渠道。通过驾驶培训、兴趣培养、项目体验、文化传播、比赛辐射等途径，培育具有中国特色的游艇文化。

（二）立足港城整合，营造邮轮城独特商业氛围

1. 北外滩滨江绿地

2012 年 7 月，上海港国际客运中心北外滩邮轮码头滨江绿地正式对公众开放。北外滩滨江绿地占地 6 万多平方米，地理位置优越，拥有“亲水、通透、美观”的沿江亲水景观、公共滨江绿化和观景岸线，已经成为市民及游客喜爱的亲水休闲场地。

2. “尚 9 · 一滴水”特色餐厅

上海港国际客运中心开发有限公司与尚九集团联手打造了北外滩地区一流的多功能餐厅“尚 9 · 一滴水”，餐厅于 2014 年 9 月投入试运行。一楼婚宴大厅每年都会见证数以百对新人的爱情启航；二楼 16 间主题包房各具特色，与百年外滩和三十年陆家嘴两大建筑群隔江相望；三楼酒吧、牛排馆环境优雅，品味一流。自开业以来，“尚 9 · 一滴水”已逐步发展成上海唯一一家以江景为特色的一站式婚礼会所，并成功举办“奥迪 · 接力‘新仕力之夜’”和“醇尚榜 · 颁奖盛典”等多场活动，吸引众多明星的到来和知名品牌的关注，成为北外滩时尚新地标。

3. 码头商务活动

依托上海港国际客运中心码头得天独厚的地理位置和优越的滨江景观资源，公司成功举办全球顶级奢侈品牌 Valentino 的中国首个女装秀、“马爹利名士当代名士映像盛典”活动、MINI PACEMAN 全球发布会、AUDI A8L 新车发布活动、“OMEGA 之夜”和“Louis Vuitton 上海首秀”等多场商务活动，成为上海高端户外商务活动的首选场地，成功塑造了码头商业活动新地标的地位。

4. 特色旅游公共服务中心

2016 年 10 月，公司在上港邮轮城中建立了融合旅游公共服务及水上旅

游体验的服务中心，以“水上旅游”作为鲜明的主题及主打商品，以“展示+体验”的形式，充分运用声、光、数码、网络等多媒体手段，对展品、场景进行艺术造型造景，达到高科技设备与综合艺术完美结合的整体效果，展示出“水上旅游”及“都市旅游”特色主题，充分体现旅游服务中心公共服务的特性。游客利用多媒体、VR 等先进声光设备，即可直观地体验到邮轮生活的种种妙处。

5. 进口商品超市业务

随着公司北外滩邮轮城商业开发的启动，公司开始涉足进口商品超市业务。依托上港集团在世界范围内航运、物流、保税仓储等方面的优势，增加海外直采比例，保证产品质量，秉承“上港全超，品质精选”的宗旨，打造真正面向中高端人群、提升生活品质、重视购物体验的进口商品超市。2015 年，上港全洲超市的正式开业，标志着上港超市高端连锁便利店模式启动。同时，入驻“京东到家”平台以及同步上线自主运营的线上商城——上港超市，为客户打造 O2O 的新型购物体验。

6.“上港邮食荟”美食广场

2017 年 2 月，上港邮轮城商业开发又一重要举措——“上港邮食荟”美食广场正式开业运营。“上港邮食荟”延续了上港全洲超市的高端定位风格，首批入驻的 8 家商户涵盖了中餐、西餐、日料等多种风味。同时，上港足球俱乐部 LOGO SHOP 也盛大开业，丰富的足球周边产品满足球迷的日常选购需求。

7. 跨境电商业务

与日本的境外优质供应商合作，公司在跨境通平台上开展跨境进口电商业务，商品种类覆盖了食品、母婴用品、药妆、个护彩妆、营养保健、环境改良及智能（含 3C）设备等，力求通过强强联合的模式将境外广受中国消费者喜爱的商品引入国内市场，充分发挥合作双方在上游采购和物流供应链上的优势，有效降低商品成本，让消费者足不出户就能购买到质优价廉的境外商品。2017 年公司成为德国知名母婴品牌“Alete 恩丽童”的中国区总经销，继续拓展连锁母婴系统、区域中高端精超和优质线上渠道。

二、上海吴淞口国际邮轮港

上海吴淞口国际邮轮港是上海重要的城市基础设施，弥补了上海港无大型邮轮专用码头的缺陷，与北外滩国际客运中心共同形成我国规模最大、功能最全的国际邮轮母港，使上海成为我国邮轮产业中心。上海吴淞口国际邮轮港位于上海宝山区吴淞口炮台湾水域，即长江、黄浦江、蕰藻浜三江交汇处，是目前亚洲最为繁忙的国际邮轮母港之一，游客接待量位居世界第四。作为上海“两主一辅”三个国际邮轮码头之一，吴淞口邮轮

图 7－1　皇家加勒比邮轮公司旗下海洋水手号停靠上海吴淞口国际邮轮港

图7-2　上海吴淞口国际邮轮港接待外国游客

港目前已建成2个大型邮轮泊位，全长774米，宽32米，其中1号泊位长度420米，2号泊位长度354米，可同时靠泊1艘10万吨级邮轮和1艘20万吨级邮轮，原设计游客接待量为每年60万人次，2011年10月15日正式开港运营。

2014年，吴淞口国际邮轮港超过新加坡港，成为亚洲接待邮轮游客人数最多的母港。2016年，吴淞口国际邮轮港接靠邮轮471艘次，接待出入境游客284.7万人次，分别约占全国的47%和63%，继续保持亚洲第一，同时成为全球第四的邮轮母港，并带动中国成为仅次于美国的全球第二大邮轮客源地市场。2017年和2018年吴淞口国际邮轮港仍然保持较高的游客接待量水平（见图7-3）。

吴淞口国际邮轮港二期工程向上游延伸380米，向下游延伸446米，码头总长度1 500米，并在下游侧新建一座引桥，两侧各新建一座客运楼，可

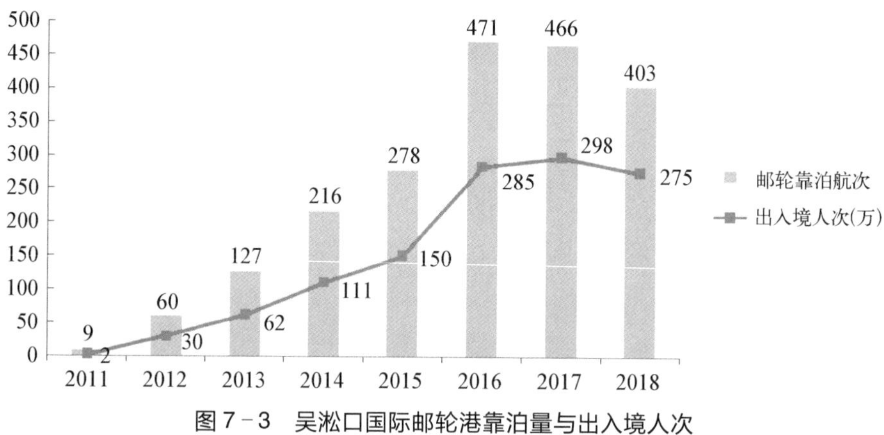

图 7－3 吴淞口国际邮轮港靠泊量与出入境人次

以实现四艘邮轮同时靠泊，接待能力达到每年近 360 万人次，可停靠 22 万吨级邮轮。建成后，吴淞口国际邮轮港将可同时靠泊两艘 15 万吨级和两艘 23 万吨级邮轮，年接靠国际邮轮 800 至 1 000 艘次，年接待游客量 600 万人次，运营能力大大提升。2018 年 7 月 13 日，上海吴淞口国际邮轮港新客运大楼投入试运营，邮轮港迎来“盛世公主号”“诺唯真喜悦号”“地中海辉煌号”三艘大型邮轮靠泊，三船同靠带来 2 万多名出入境游客。

从邮轮产业参与度来看，虽然吴淞口邮轮港具有邮轮接待与服务、广告公司以及旅行社售票等业务，但邮轮市场的参与度并不高，经营收入主要依靠邮轮靠泊量与接待量；在与邮轮公司或旅行社合作方面的广度与深度也不够，主要业务是接待靠泊与部分广告投放。另外，吴淞口国际邮轮港的下属旅行社的优势也不明显，船票销售量有限。此外，船供服务只收取 1%的服务费，经济收益有限；贵宾服务中心是民企在做，100%控股；还有，船舶维修方面功能缺失，将来可能成立合资公司运营。总之，吴淞口国际邮轮港当前阶段的经济收益主要依托邮轮靠泊量带来的停泊费、旅客人头服务费、客运大厅使用费、行李处理费等，属于专业化而非复合化的邮轮母港，而港区周边休闲设施有限，与城市的联动也略显不足。

三、上海邮轮发展区品质提升

（一）国家 AAAA 级景区创建

2018 年 7 月，上海国际客运中心所在的上港邮轮城获评“国家 AAAA 级景区”，成为国内首个集口岸监管区、国家邮轮旅游实验区、国家 4A 级景区于一体的城市综合体。上港邮轮城景区总体占地面积达 73 088 平方米，拥有 1 200 米璀璨核心岸线、3 个大型邮轮泊位、15 个沿江景观游艇泊位，有 8 家企业为景区提供“食、住、行、游、购、娱”全产业链服务，是黄浦江 45 公里滨江贯通后唯一一个沿江亲水景区。景区集工业旅游、青少年拓展基地、休闲旅游度假区于一体，为广大游客带来更为新鲜、时尚、寓教于乐的多重休闲体验，创新引领水岸联动的滨水高端生活方式，推动“文、体、商、旅”融合发展，成为“上海城市滨水时尚新地标”，努力打造世界一流滨江水岸和世界级浦江精品游览。具体景点包含“尚 9・一滴水”、彩虹桥、露天码头文化博物馆、嗨哌运动公园、音乐广场、航运浮雕墙、邮轮城商场和魔都矩阵户外拓展项目等。

按照景区官方网站宣传，上港邮轮城以水上旅游产业为切入点，以“互联网+”创新融合为抓手，不断推进上港邮轮城配套商业、文化、旅游的融合发展，充分利用地理位置优势，塑造北外滩邮轮码头商业活动新地标。上港邮轮城积极创新商业模式，聚焦消费者的核心需求，丰富“上港邮轮城”的品牌内涵，打造集特色餐饮、购物消费、休闲娱乐为一体的城市滨江商业综合体。

2018 年 12 月 5 日，“国家 4A 级景区上港邮轮城”推介会召开，会上对邮轮旅游、魔都矩阵、上港邮轮城景区、“尚 9・一滴水”、游艇等旅游产业相关产品进行了介绍，并提供了景区参观、魔都矩阵体验和游艇试乘等景区的参观和体验。此次推介会通过联合营销模式，整合了景区内部资源，并有效推广了上港邮轮城4A级景区倡导的健康生活理念。

（二）母港游客满意度提升

作为邮轮旅游的关键节点和邮轮产业价值链的重要参与者，邮轮港口成为我国邮轮经济不断深化的核心载体。对于邮轮港口来说，在港口建设、设施配备和接待能力达到一定规模后，只有通过高水平的服务向游客提供满意的旅游体验，才能吸引邮轮挂靠和游客访问，为邮轮产业的持续繁荣保驾护航。国际邮轮产业的实践证明，顾客满意是邮轮旅游的生命线。可以说，邮轮业在提升顾客满意度和吸引潜在消费者方面的努力从未停止。对于新兴的邮轮旅游城市来说，在邮轮旅游大众化时代，顾客满意度对于维护邮轮旅游“豪华性、高端性”的产品特征具有至关重要的作用，进而带来的口碑推介和重游行为是邮轮产业发展的重要保障。目前，国内外邮轮游客满意方面的报道主要集中在国际邮轮市场，包括国际邮轮协会（CLIA）的顾客调研、国际邮轮公司的满意度研究、第三方调研机构的市场研究以及其他目的地市场的案例分析。

2015年，吴淞口国际邮轮港通过上海市人民政府发展研究中心发布了决策咨询课题，对母港游客的满意度进行了测评，并提出邮轮港口提升满意度的措施。从国际邮轮业来看，邮轮港口是邮轮城市中与邮轮旅游最具相关性的基础设施。邮轮港口的设施建设与功能配备很大程度上影响邮轮挂靠的可能性。

作为邮轮游客上船前和下船后的直接服务提供者，邮轮港口的服务水平会直接影响邮轮乘客的全程体验。邮轮港口的27个单项满意度指标测评结果显示，邮轮港口在工作人员的态度、工作人员的服务能力、安全保障、行李处理、引导标识/指示牌、环境卫生等方面的游客满意度最高，而网络服务/WIFI、外币兑换服务、休闲室、儿童区域、购物/免税店、邮局/厕所/公共电话、通关安检、旅游资讯/周边旅游信息、停车场、与周边景点距离、登记登船过程以及人车分离等指标的游客满意度最低，说明上海吴淞口邮轮港口的人员服务较好，而服务设施的配备还不够全面，有待进一步完善（见图7－4）。

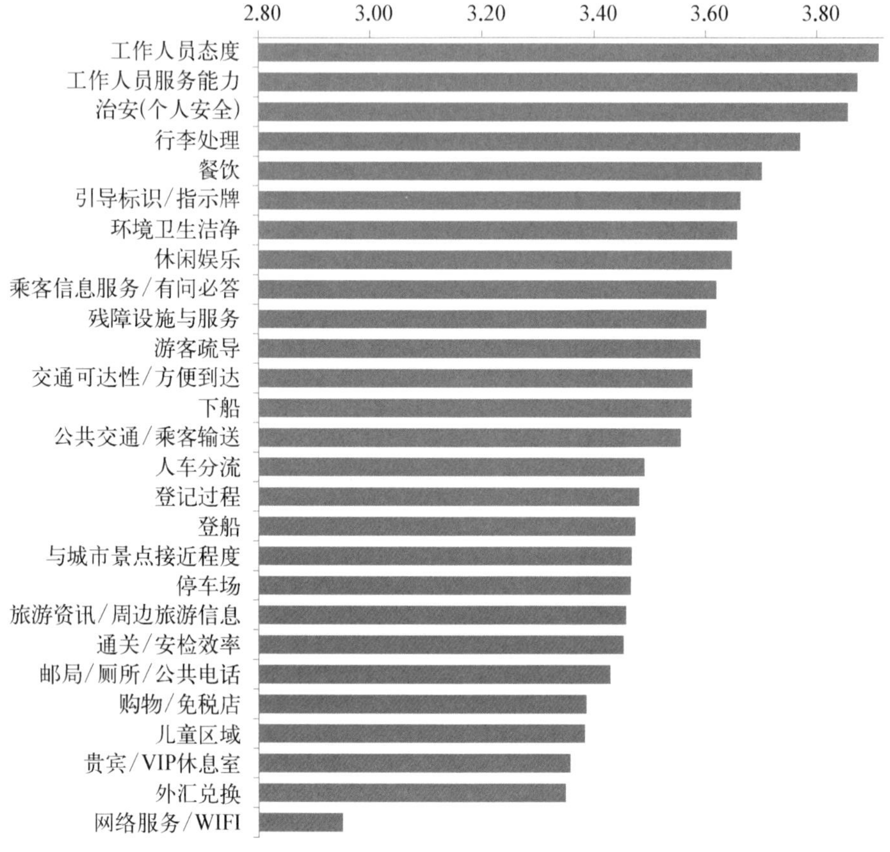

图7－4　游客的满意度打分结果

调研发现，总体上吴淞口邮轮港口在人员服务方面的服务水平和游客满意度较高，而服务设施配备不够全面，未来应重点关注以下几个方面的工作，从而提升游客满意度。

1. 完善网络与信息服务，提升港区附加功能

目前，我国大部分邮轮港口已经具备了邮轮泊靠和乘客接待的硬件基础条件。而在游客满意度提升方面，邮轮母港的软性服务功能则发挥着更大的

作用。研究发现，网络服务/WIFI 是游客对上海吴淞口邮轮母港满意度水平较低的指标之一。邮轮港口可借鉴全国著名休闲街区的做法，一方面向游客提供快速免费 WIFI 服务；另一方面通过 App 平台建设，向游客提供停车、登记、登船、港区购物、周边景点、邮轮产品等实时在港服务信息。

2. 延伸上海自贸区功能，试点邮轮港区免税购物

优秀的邮轮母港应该将“邮轮城”的形象展示给游客，而不是一个仅仅提供上下船服务的客运码头。吴淞口国际邮轮港口的规划与建设经验表明，为了更好地满足顾客需求，提升游客满意度，邮轮码头周围应配备餐饮、货币兑换、免税店、综合商店、银行柜员机、贵宾候船室、游客服务中心等辅助设施。本次测评结果显示，上海邮轮港口的购物与免税店的游客满意度水平较低。上海应在港区免税购物方面加快政策突破步伐。上海可借助自贸区建设，将邮轮旅游发展试验区作为自贸区的延伸区域，在港区附近的“零点广场”试点免税购物与配套休闲娱乐措施。

3. 关注家庭出游群体，增加儿童服务设施

此次调研的游客人口统计数据表明，将近 70%的游客的旅伴为家庭成员。随着我国亲子旅游市场的不断壮大，家庭出游群体将是邮轮旅游的重要目标市场。迪士尼邮轮就特别注重邮轮亲子设施的配备，因此其满舱率与满意度一直领先于其他邮轮公司。此次游客满意度测评结果显示，儿童区域是邮轮港口游客满意水平较低的指标之一。目前我国港口通关效率较低，还未实现“凭票登船”，因此游客有相当长的时间在港区等待。邮轮港口应重视家庭出游群体，增加针对儿童的设施和服务，比如在港区开辟特定区域设立游乐设施、运动项目和提供托婴服务等，从而更好地服务游客，提升港口的服务水平与满意度。

4. 提高通关安检效率，提升港区游客输送能力

通关、安检效率的提升一直是我国邮轮业关注的重要课题。本次调研发

现，此项指标的满意度与游客的期望值差距较大，而且选择“不满意/非常不满意”的游客比例将近15%。为此，在游客服务方面，邮轮业要进一步推进旅客联检和便捷通关服务常态化、制度化以及通关签证的自主化和无纸化，尽可能节约旅客通关时间，并通过提升游客通关、安检和登记效率，缩短游客的上下船时间，从而提升邮轮游客对港区服务的满意度。此外，邮轮港口的交通可达性和游客输送能力是选择邮轮母港的重要标准。本研究表明，与其他指标相比，游客对上海邮轮港口的停车场、人车分流系统的满意水平较低。对此，邮轮港口应通过港区交通系统优化、公共交通承接服务实现邮轮游客的快速输送。

2018年7月，新华网有报道指出，在打响“上海服务”邮轮旅游品牌方面，上海积极推动邮轮保险业务、“邮轮直通车”服务、“邮轮便捷通关条形码”“邮轮船票”制度，在保障邮轮游客权益的同时，进一步建立与国际接轨的规范高效的邮轮市场，重构邮轮分销渠道，引导和规范邮轮票务市场健康发展，从而使游客满意度不断提升。2018年9月，国家级上海吴淞口国际邮轮港服务标准化试点项目顺利通过终期验收，这标志着邮轮港口服务标准化工作迈向新阶段，进一步推进了以一流硬件设施和优质服务水平服务邮轮与游客的发展目标。2019年2月《文汇报》有报道指出，为了继续保持亚洲第一、全球第四大邮轮港口的地位，并力争有所突破，上海将依托中国邮轮旅游发展实验区平台，以提升游客满意度为抓手，继续发挥吴淞口邮轮港口的综合优势。具体来看，上海将进一步推进市、区邮轮经济政策的贯彻落实，优化邮轮经济发展政策环境，深化邮轮船票制度，探索外商独资邮轮旅行社申请出境游资质政策，拓展邮轮分销渠道，完善和推进邮轮安全运营协调机制，提升邮轮靠离港准点率，持续优化口岸监管措施，推进游客无摩擦进港，完善港区周边交通、住宿、休闲、餐饮、免税购物等配套设施，优化港区出入境效率与服务水平，不断改善游客体验，提升游客满意度。

（三）绿色邮轮港口建设

从环境影响来看，虽然与以往的粗放型港口经济相比，邮轮旅游能够促进港口功能转型，提升港口城市的可持续性发展，但邮轮船舶的引入对海洋环境的负面影响也不容忽视。邮轮污染可导致海洋生态环境恶化，破坏海洋生物重要栖息地，降低海洋旅游资源质量，甚至对沿海周边居民身体健康造成损害，增加生态成本和社会成本。

随着我国邮轮产业的快速发展，邮轮港口的环境问题成为制约邮轮经济发展的隐性危机，邮轮港口环保性建设体现了邮轮可持续发展的基本要求。像邮轮这些体量巨大的船舶在靠港期间，通常使用重油、柴油来发电以满足其巨额的用电需求。重油和柴油在燃烧过程中不仅产生大量二氧化碳、硫化物和氮化物等有害气体，而且还伴有发电机和柴油机产生的噪声，对周边地区的大气环境造成严重影响。

近年来，邮轮对港口环境的影响引起广泛关注，建设绿色邮轮港口成为国际邮轮产业发展的必然趋势和共同追求。2014 年 3 月发布的《交通运输部关于促进我国邮轮运输业持续健康发展的指导意见》要求，港航企业应优先选用技术先进、能耗低、安全环保的设施设备，鼓励使用清洁燃料，新建的邮轮码头、船舶宜使用岸电[1]。邮轮的岸电使用已成为世界邮轮母港的通行做法。作为替代电源，船舶岸电技术的使用对于减少氮氧化物、硫氧化物和可吸入颗粒物等有害物质排放的效果异常显著。

上海宝山吴淞口国际邮轮港既是我国接待邮轮旅游人数最多的邮轮码头，也是最早开始为邮轮提供岸电设施的邮轮港口。上海落实建设邮轮岸电，既有利于上海港在国际邮轮母港的竞争中占据国际标准制高点，又有利于向国际社会展示我国节能减排的具体行动，在突出减排成效方面有重要的

---

[1] 船舶靠港期间停止使用船舶发电机而改用岸基电源进行供电的技术方法，通常简称为“岸电”（Shore Power）或者 AMP（Alternative Maritime Power）。

社会效益和示范效应。

2016 年 7 月 13 日，上海吴淞口国际邮轮港岸基供电一期项目正式投运。这是目前世界最大的邮轮变频岸电系统，也是亚洲首套邮轮岸电系统，不仅可为用电频率为 60 赫兹的国际邮轮供电，也可为用电频率为 50 赫兹的国内客轮、货轮充电，实现了供电对象的全覆盖。上海吴淞国际邮轮港岸基供电项目整体建设共分两期，全面建成后将覆盖 4 个泊位。目前投运的一期项目，配置总容量为 1.6 万千伏安，覆盖 2 个泊位。天海邮轮公司已经率先使用岸电设施。2017 年 11 月 20 日，上海吴淞口国际邮轮港 1 号泊位顺利完成“盛世公主号”邮轮的岸电调试工作，“盛世公主号”成为继天海邮轮之后配置岸电系统的又一受益者。2016 年，上海吴淞国际邮轮港计划安排 488 个航次靠港，岸电项目投运后，停靠邮轮可实现在港零排放，实现替代电量 3 660 万千瓦时。2017 年，上海吴淞国际邮轮港年停泊邮轮将突破 1 200 艘次，预计将实现替代电量 8 780 万千瓦时，减排成效将更为明显。以每艘邮轮平均 15 万吨计算，每年可减排二氧化碳 3.6 万吨、二氧化硫 750 吨、氮氧化物 65 吨，有助于上海实现“到 2020 年一半以上的码头将拥有岸电系统，减少 PM2.5 排放”的目标。

但是，岸电仍使用还存在一些阻力。港口的日常运营中缺少相应的明确的体系来指导建设，港口工作人员的环保意识较为薄弱，缺乏对绿色指标的有效监督和跟踪；大众对于环境友好方面的问题关注不够。此外，还有建设成本高，这一使用岸电的原始阻力，除了岸基供电设施要改造，船舶上的相应设施也需要改造才能对接使用。岸电设施长期的使用成本也不低。另外，在用电成本方面，上海岸电的使用按照一般商业用电收取电费，且每月须按电力接入容量支付基本电费。以吴淞口国际邮轮港为例，2016 年岸电实际用电量约 47 万千瓦时，产生电度电费约 35 万元，平均电度电费为 0.75 元/千瓦时。岸电设备的长期运行费用也成为发展岸电的“阻力石”。吴淞口国际邮轮港专门成立了岸电科技公司提供岸电服务，以岸电设施每年 10%的使用率计算，每年支出的人力资源成本、设备折旧费、设备维护费合计约为575万元。

近年来，上海积极响应“一带一路”倡议，对标上海加快建设国际航运中心和打造世界著名旅游城市，实现了邮轮经济从无到有、由小到大的跨越式发展。2018年10月，上海市政府办公厅发布的《关于促进本市邮轮经济深化发展的若干意见》指出，为建设国际一流邮轮港口，上海邮轮港要继续提升邮轮废弃物处置能力，加强岸电使用的制度建设，建设“绿色”邮轮港，系统提升邮轮港口卫生管理水平，积极创建“国际卫生港”。2019年2月20日，交通部等六部门联合印发《关于进一步共同推进船舶靠港使用岸电工作的通知》，大力推进岸电使用，鼓励港口企业、岸电设施运营企业与航运企业签订岸电使用协议，不断提高岸电使用比例，2021年1月1日起邮轮应按要求靠港使用岸电。

未来，上海吴淞口国际邮轮港将以岸基供电一期项目投运为契机，持续践行绿色港口的发展理念，推动“国际卫生港”建设和邮轮产业升级，全面打造“快乐港口、共赢港口、绿色港口、智慧港口和示范港口”。在已经建成的邮轮港一号泊位岸电项目的基础上，吴淞口国际邮轮港将推进太阳能光伏项目，使其成为一个“绿色、环保、低碳、生态”的邮轮产业承载地，着力研究实现设计、功能、服务和流程标准化，努力成为中国邮轮产业发展的标杆，继而提升上海国际邮轮港的社会形象和国际竞争力。

四、上海邮轮旅游营销实践

（一）举办邮轮旅游节事活动

1. 上海邮轮旅游节

上海邮轮旅游节是上海旅游节的重要组成部分，一般每年9月在吴淞口国际邮轮港开幕，每年都会定期推出不同的邮轮旅游主题，并积极打造一系列市民喜闻乐见、参与度高的节庆活动，不断提高邮轮旅游节庆活动举办的质量和水平。上海邮轮旅游节不但有力地促进了邮轮产业链要素集聚，推动邮轮旅游从景点旅游向全域旅游转变，还有效地传播了邮轮文化，充分展示了宝山区的吸引力、创造力和竞争力，丰富了宝山邮轮新城的形象和内涵，让更多的市民体会到邮轮旅游的乐趣。

2014 年 9 月 16 日，上海邮轮旅游节在吴淞口国际邮轮港拉开帷幕。为期 20 天的旅游节，共举办了包括 2014 中国（上海）邮轮经济高峰论坛、“览浦江 · 游宝山 · 品邮轮”吴淞口江风海韵之旅、四季宝山之转型秋景摄影大赛、“缤纷邮轮行欢乐宝山游”亲子活动日和长江邮票首发式暨“乐邮游”吴淞口寻迹之旅体验日等 14 项活动，让更多市民体会到了邮轮旅游的乐趣。

2015 年 9 月 20 日，上海邮轮旅游节以“乐享邮轮 · 乐游宝山”为主题在吴淞口国际邮轮港拉开帷幕。上海邮轮旅游节期间，上海水上旅游促进中心、上海国际邮轮经济研究中心、吴淞口国际邮轮港公司等联合举办了名为“文明出行 · 爱在邮轮”的邮轮旅游影视作品征集展映活动，从游客的视角来解读邮轮旅游内涵，展示邮轮文化体验，塑造文明游客形象。另外，为使更多市民游客了解与分享宝山旅游发展的成果，上海邮轮旅游节陆续推出了“乐享邮轮 · 乐游宝山”旅游体验日、“宝山寻宝”微旅行、宝山区餐饮烹饪技能比赛和网上邮轮旅游节等活动，通过线上线下的互动，为市民、游客打造多样化的文化娱乐活动和休闲旅游产品。

2016 年 9 月 17 日，上海邮轮旅游节暨上海旅游节花车宝山巡游活动在吴淞口国际邮轮港开幕，上海国际邮轮旅游服务中心也正式揭牌，投入运营。2016 年上海邮轮旅游节期间，宝山区以“乐游新宝山 · 越邮越精彩”为主题，举办邮轮之城、水岸联动两大板块共 6 项活动，包括：上海旅游节花车宝山巡游活动、亚太邮轮大会、“乐享邮轮 · 文明旅游”邮轮旅游产品大放送、2016 上海木文化节、顾村公园金秋游园会等。

2017 年 9 月 9 日，上海邮轮旅游节以“魅力宝山 · 邮轮之城”为主题在位于宝山的零点广场拉开帷幕。为期一个月的旅游节，共举办了花车巡游、国际旅行卫生保健与邮轮船供高峰论坛、“海洋之恋”邮轮婚典暨长三角邮轮婚庆高峰论坛、宝山微旅行、宝山旅游摄影大赛、“乐享邮轮 · 乐游宝山”旅行分享会等 6 项活动。

2018 年 9 月 23 日晚，上海邮轮旅游节开幕式暨花车宝山巡游活动在零点广场举行，一场以“勇立潮头 · 奋楫远航”为主题的旅游文化盛宴为市民游客带来难忘的一夜。开幕式上，规模盛大、美轮美奂的文艺演出升华了邮轮的“四大品牌”。开幕式后，以“邮轮新时代 · 宝山新辉煌”宝山主题花车为首，来自五大洲 25 个国家和地区的 25 辆花车展露万般风情，从吴淞口国际邮轮港出发，沿宝杨路、牡丹江路、漠河路巡游表演，向万余名宝山市民展现光与美的魅力。超过 50 万电视观众、网民通过宝山电视台，以及腾讯网、人民网等直播平台，观看了上海邮轮旅游节开幕式和花车宝山巡游活动，感受了上海邮轮旅游节的欢乐氛围。随着 2018 上海邮轮旅游节大幕的掀起，“探秘吴淞口 · 寻迹炮台湾”趣游节、“最美宝山”发现之旅、亚太邮轮大会等一系列精彩活动陆续呈现，顾村公园金秋游园会、上海木文化节、上海飞镖音乐节、上海玻璃博物馆共享艺术季和上海智慧湾科创园科艺欢乐节等也为市民游客带来沉浸式体验。其中“探秘吴淞口 · 寻迹炮台湾”趣游节，是上海邮轮旅游节的主打活动之一，依托公园独有的红色文化底蕴与滨江自然景观，趣游节将滨江生态、淞沪铁路、河口知识、邮轮文化等融于游园赏景之中，邀请前来游玩的游客与市民走进吴淞口百年水上门户，在互动中深入了解吴淞口从军事要塞化身邮轮母港的传奇故事。

2. 上海邮轮游艇旅游节

上海邮轮游艇旅游节也是上海旅游节的重要系列活动之一，每年由上海港国际客运中心在虹口北外滩滨江举办，至今为止已经连续举办五届，成为宣传邮轮游艇旅游文化，推进邮轮产业不断发展的重要旅游节庆活动。2018年上海邮轮游艇旅游节是上港邮轮城获评“国家4A级景区”之后的首次大型活动。

上海邮轮游艇旅游节每年的开幕会上同时揭幕最新的产业项目或发布最新的邮轮产业报告，为促进上港邮轮城加速发展起到重要作用。2017年上海邮轮游艇旅游节开幕式公布了三项有关水上旅游产业的重磅内容：一是《2016—2017中国邮轮发展报告》；二是上海游艇服务平台，该平台由上港集团国客中心开发运营，是面对上海市场进行境内外游艇销售、租赁、管理和运维的一个大型公共服务平台；三是创新内河游轮产品。2018年上海旅游节系列活动——上海邮轮游艇旅游节开幕式包括“中国上海市上港邮轮城AAAA级景区”授牌及官方推介、“魔都矩阵”嘉年华揭幕、“上港邮轮城”冠名权招商启动仪式等环节，展示了“上港邮轮城”品牌旗下全方位的滨水休闲产业链风貌。

3. 上海邮轮港国际帆船赛

2019年5月，长江首个国际帆船赛在上海吴淞口国际邮轮港掀开帷幕。来自国内外的16支顶尖职业和业余帆船队以及帆板选手参赛，在邮轮港下游60万平方米的水域赛道上展开角逐。本次赛事历时两天，70余名来自美国、澳大利亚、日本、挪威、意大利、比利时、新西兰、中国等九个国家和地区的一流帆船运动员参赛。

上海邮轮港国际帆船赛展现出宝山滨江地区在产业转型、打造邮轮旅游集聚区升级版、提升邮轮游艇游船“三游”经济产业活力等方面的发展面貌，一定程度上宣传了吴淞口邮轮港滨江旅游资源和景观带，包括滨江核心区近6公里的休闲及旅游岸线、吴淞口国际邮轮港1 600米深水岸线、上海吴淞炮台湾湿地森林公园（国家4A级景区）、上海市淞沪抗战纪念公园（首批国家级抗战纪念设施遗址）、宝山滨江公园、宝山海军博物馆、宝山规划展示馆、解放战争纪念馆、长滩音乐厅、长滩观景塔等。

（二）发布邮轮行业研究报告

1.《邮轮绿皮书：中国邮轮产业发展报告》

由上海国际邮轮经济研究中心、上海工程技术大学及社会科学文献出版社共同主办的《邮轮绿皮书：中国邮轮产业发展报告》是国内第一本以新兴旅游形式——邮轮旅游作为主题的绿皮书，自2014年首次发布以来已连续出版五套报告。它通过专业的视角、精准的数据，剖析了中国邮轮产业发展的情况与特点，展望了中国邮轮发展趋势，展现了中国邮轮经济的发展全景。从国际环境、中国经济和社会背景入手，绿皮书全面总结了每年中国邮轮产业的发展格局及相关行业的运行特征，深刻地揭示了当前中国邮轮产业发展中值得关注和深思的诸多问题。《邮轮绿皮书：中国邮轮产业发展报告》中英文版每年在Seatrade亚太邮轮大会上进行发布。

2.《中国邮轮发展报告》

《中国邮轮发展报告》由中国交通运输协会邮轮游艇分会、上海海事大学亚洲邮轮学院和中国港口协会邮轮游艇码头分会联合出品。该报告已连续出版8年，被誉为“中国邮轮白皮书”，代表中国邮轮产业发展的权威声音。《中国邮轮发展报告》主要介绍了全球邮轮产业总体发展状况、中国邮轮旅游市场发展状况、中国邮轮港口发展状况、中国邮轮产业创新透视、中国邮轮产业政策扫描、中国邮轮产业链构建与推进、中国邮轮产业发展趋势等内容。《2017—2018中国邮轮发展报告》首次采用在线发布的方式，共10章，全面深入地分析了出境邮轮市场、长江河轮市场、邮轮旅游城市、邮轮修理建造、邮轮产业服务、邮轮旅游实验区，邮轮产业的政策、热点和评析以及未来发展展望等，充分体现了我国邮轮产业进入市场调整和产业孕育新阶段的丰富内涵。

3.《上海邮轮旅游服务贸易发展研究报告》

2018年6月21日，由上海社会科学院应用经济研究所主办，上海社会科学院海上丝路研究中心承办，上海社会科学院党委宣传部协办的首届邮轮旅游服务贸易论坛在上海社会科学院召开。本届论坛包括“《上海邮轮旅游服务贸易发展研究报告》发布”与“对接海上丝绸之路、拓展邮轮经济圈”两大主题。上海对外经贸大学、上海市统计局、上海市交通委员会、宝山区统计局、香港贸易发展局、相关高校和科研机构、相关媒体的代表应邀出席论坛。与会政府部门代表、专家学者在论坛上发表了对上海邮轮旅游发展的意见与展望。会上，国内首份邮轮旅游服务贸易领域的专题报告《上海邮轮旅游服务贸易发展研究报告》正式发布。

（三）举办邮轮产业会议与会展

1. Seatrade 亚太邮轮大会及国际邮轮博览会

Seatrade 亚太邮轮大会由宝山区政府和上海工程技术大学指导，上海国际邮轮经济研究中心、上海吴淞口国际邮轮港发展有限公司联合主办。大会举办之前主办方会提前召开新闻发布会，公布大会主题和内容等相关会议信息。

至今为止，Seatrade 亚太邮轮大会已经连续举办了三年，每届大会持续三天，汇聚全球来自34个国家和地区、超过900名行业精英共同参与。大会还力邀国家部委、相关权威专家、行业领袖等，同与会嘉宾面对面进行商务洽谈、合作关系建立、业务开拓以及邮轮领域创新等。2018 Seatrade 亚太邮轮大会更加重视推动、促进参会各方开展务实合作，并着力为参会各方搭建有效的交流、合作的平台。比如，针对中国邮轮产业创新发展，本届大会举办了上海中国邮轮旅游发展实验区论坛，邀请地方政府、职能部门、口岸监管部门、邮轮企业等各方共同研究创新路径；针对越来越多的港口城市纷纷建设邮轮码头的发展趋势，举办了标准化论坛，邀请了吴淞口国际邮轮港分享他们正在推进的标准化体系建设经验，并寻求各港口之间的联动协作；针对如何进一步丰富亚洲邮轮航线的问题，邀请了世界邮轮协会组织安排了一场针对性的培训宣讲活动。2018 年亚太邮轮大会组织的主要活动与议题如下。

闭门会议：亚洲邮轮港口协会（ACTA）年会

中国邮轮的下一个黄金十年：如何在市场的成长和可持续性中取得平衡

亚太地区邮轮客源市场的发展

创造更干净的邮轮：探讨液化天然气如何在亚洲掀起浪潮

邮轮配套产业发展论坛

焦点专访（一）：如何提供正确的产品给正确的客人——一个有关邮轮旅游教育和品牌营销的故事

焦点专访（二）：如何借由中国蓬勃的出境旅游市场使邮轮进一步发展

长线邮轮如何激发并增长亚洲邮轮旅客

在中国制造，为中国制造

国际邮轮研究联盟峰会

邮轮人才教育联盟峰会

在亚洲建立以消费者为中心的邮轮文化

亚太港口与目的地高峰论坛：发展趋势，挑战和未来计划

重塑岸上观光行程

未来展望：亚洲邮轮 2030

Seatrade 亚太邮轮大会聚焦亚太地区邮轮业发展及全球邮轮产业动态，全面分析邮轮产业最新热点，同时每年由上海国际邮轮经济研究中心、上海工程技术大学及社会科学文献出版社共同主办的《邮轮绿皮书：中国邮轮产业发展报告》也在大会上同期发布。2018 年由上海国际邮轮经济研究中心编制的《亚洲邮轮经济发展景气指数报告》首次在大会期间发布。大会举办的

ACTA（亚洲邮轮港口协会）论坛也备受业界关注，被认为将进一步推动亚洲地区国际邮轮港口间的合作和互动。随着亚太地区邮轮旅游普及率的迅速增长，Seatrade 亚太邮轮大会不仅开展了一系列会议论坛，同时成为一个学习、交流并结交新的合作伙伴的商务社交平台。Seatrade 亚太邮轮大会已成为国际邮轮行业及相关领域了解亚太地区市场的门户窗口。

2. 中国邮轮峰会

2018 年第四届中国邮轮峰会（上海站）由 Northstar 旅游集团旗下的《Travel Weekly China 旅讯》主办。峰会以“2018：赋能蓄势”为主题，汇聚了邮轮行业领袖与 300 余位旅行社精英，共话 2018 年中国邮轮市场。此次峰会专门请来了皇家加勒比邮轮公司中国区总裁、歌诗达游轮亚洲区总裁、诺唯真邮轮中国区总经理和地中海邮轮大中华区总裁等重量级嘉宾上台演讲。此外，现场还有其他知名或新兴的邮轮公司设立展台进行推广。

中国邮轮峰会为旅行社和供应商搭建了一个进行交流学习与思想碰撞的高端平台，在会上可以聆听行业顶级专家带来的演讲和圆桌讨论，还可以和旅行供应商及合作伙伴共同交流。中国邮轮峰会作为中国邮轮行业的高端峰会，已成为旅行社邮轮代理、邮轮公司及供应商合作伙伴每年必参加的行业盛会。

（四）举办邮轮旅游媒体宣传与推介会

1. 制作电视与宣传片

2017 年 9 月，精心策划、倾力制作的上海邮轮中心宣传片《贴心服务 · 品质出行》正式上线。3 分钟的至美画面，360 度地展示了线上、线下相融合的智慧邮轮旅游服务体系，为游客提供从“家门到舱门”的一站式优质服务。

2018 年 4 月，上海电视台纪实频道（《企业风采》栏目）对吴淞口国际邮轮港码头工程进行了报道。

2018 年 7 月，上海邮轮中心携手上海文广互动电视 SiTV 联合推出的全国首档邮轮专属栏目《爱・邮轮》，并在上海生活时尚频道播出。该栏目通过聚焦邮轮人物、诉说邮轮旅游故事、科普邮轮旅游小贴士等方式，向观众展现高品质的邮轮旅行，激发广大观众对邮轮旅游的热情。

2018 年 10 月，上海邮轮中心联合上海文广互动电视共同推出金色频道《第一诊室》邮轮特辑第四期，该栏目登上诺唯真游轮“喜悦”号，首次进行医学专家与游客嘉宾的现场互动与问诊。

2. 创办《邮轮志》杂志

2009 年，上海港国际客运中心开发有限公司创办行业内刊《邮轮志》。2011 年，《邮轮志》成为中国港口协会邮轮游艇码头分会会刊。《邮轮志》依托“互联网+”手段为市场营销、信息传递带来创新模式，打破时间和地域限制，通过微信界面向邮轮旅游相关行业人员传递资讯，行业覆盖面及读者范围迅速扩大，收到相关行业人士的极大关注与支持。它与《中国港口》杂志进行合作，深耕行业深度评论文章、邮轮业内高管专访等板块，内容品质得到进一步提升。

3. 举行“四季上海”旅游推介会

2017 年 5 月 11 日—15 日，由上海市旅游局主办的“四季上海”旅游推介会相继在贵州贵阳、云南昆明举行。此次活动由上海市旅游局副局长程梅红带队，率上海黄浦、静安、徐汇、虹口、杨浦、宝山、嘉定、松江、青浦、奉贤、崇明等 11 个区旅游局的负责人，包括上海中心大厦、吴淞口国际邮轮港在内的 4 家上海标志性景区（点）及锦江、春秋等 11 家上海重点旅行社参加了本次推介会。推介会上，宝山区旅游局负责人详细介绍了上海岸上旅游资源，吴淞口国际邮轮港推介代表还重点介绍展示了上海邮轮港口资源及邮轮产品。

2017 年 6 月 23 日，“四季长江，一路风光”旅游推介会召开。长江旅游推广联盟成员单位原上海市旅游局、重庆市旅游局、湖北省旅游发展委员会再次携手，走进山城重庆为当地旅行商、新闻媒体和市民游客带来“四季长江，一路风光”旅游推介会。参加本次活动的上海推介代表团由上海市旅游局组队，率领上海浦东、普陀、虹口、杨浦、嘉定、金山、松江、青浦 8 个区旅游局的负责人以及上海中心大厦、浦江游览票务中心、吴淞口国际邮轮港 3 家上海标志性景区（点）赴重庆、吉林长春进行旅游推广，这也是继 2017 年 5 月上海推介代表团赴云南、贵州开展推介活动后的再次出击。此次宣传促销，原上海旅游局以“四季上海”为宣传推广主题，除了通过上海旅游宣传片为来宾 360 度播放上海之美，更是带来了时下最热的邮轮、水上旅游等资源。多形态、多维度的推介让来宾们多角度发现上海都市、文化、时尚、休闲、乡村等各类旅游资源，充分感受“四季上海，天天精彩”的无限活力。

4. 举办“精彩上海”文化旅游推介会暨“力量之声”组合音乐会

“精彩上海”文化旅游推介会暨“力量之声”组合音乐会于 2018 年 6 月 24 日走进广东，本次活动由原上海市旅游局副局长丁振文带队，率上海黄浦、静安、普陀、虹口、杨浦、宝山、闵行、金山、松江、青浦、奉贤、崇明等 12 个区旅游局的负责人，包括上海中心大厦、浦江游览在内的 7 家上海标志性景区（点）及锦江、上航假期等 2 家上海重点旅行社，开启了 2018 年度上海国内旅游宣传推广的大幕。由上海旅游形象推广大使胡歌与长江旅游推广联盟大使“力量之声”组合共同演绎的上海旅游宣传音乐电视《我们的上海》掀开了本次推介会的序幕。推介会通过视频推介、声音推介、演讲推介，以视觉、听觉、体验相结合的形式展开，中间穿插了“力量之声”组合为现场来宾精心准备的音乐会演出，《长江之歌》《四季歌》《我的祖国》等经典曲目连连上演。优美的旋律配以魅力上海的四季影像，让现场听众得到了视觉与听觉的双重享受，经历了一场“说走就走”的上海都市旅行。此次活动不仅让来宾对上海的特色旅游资源加深了了解，也让不同地区旅游业联结互通，建立了多层次、全方位的合作交流，有效促进了旅游界跨区域的互谋互策。

5. 参加世界邮轮大会

世界邮轮大会（Seatrade Cruise Global，简称 SCG）是全球最大的邮轮产业发展及博览会，由英国 UBM 展览集团主办，创建于 1985 年，至今已有三十多年的历史，是目前全球邮轮产业最具规模和影响力的专业博览会。2018 世界邮轮大会在美国迈阿密隆重举行。由上海市政府有关部门、上海吴淞口国际邮轮港等组成的代表团一同参会，共同推介中国邮轮业。在会议上，中国代表团向全球邮轮业界宣布，中国邮轮产业已进入从高速增长向高质量增长转变的蓬勃发展阶段，中国各级政府都积极采取措施支持邮轮产业健康发展：第一，全力对接上海建设国际航运中心和打造世界著名旅游城市目标，深化“中国邮轮旅游发展实验区”全面改革，积极创新试点船票制度。第二，持续加大政府投入，提升港口服务水平。第三，进一步优化邮轮口岸政策，提升邮轮口岸服务水平。第四，加大政策支持力度。第五，加快推动政产学研用合作，健全邮轮人才培养体系。此外，在会议上，《中国邮轮产业发展报告》海外版正式亮相。中国邮轮产业发展的绿皮书系列研究报告，自 2014 年首次出版以来，已连续出版四年，2018 年首次发布国际海外版。《中国邮轮产业发展报告》海外版汇集国际邮轮产业发展最新研究成果，由中国社会科学文献出版社和美国斯普林格出版集团联合出版。

（五）建立邮轮旅游研究及培训机构

1. 亚洲邮轮学院

亚洲邮轮学院（Asia Cruise Academy）由英国海贸（国际）传媒集团、上海海事大学和上海国际港务（集团）股份有限公司三家单位共同筹建，是在我国乃至亚洲范围内第一家具有学位授予资格的邮轮管理专业人才培养基地。学院将以 EMBA、MBA 课程为主，并考虑开设邮轮方向的本科专业。同时，该学院将根据市场需要，开设短期培训班。课程涉及的领域包括：邮轮船舶建造、船舶交易、邮轮船公司营运管理、邮轮船舶航行管理、邮轮酒店管理、邮轮产品市场营销、目的地旅游拓展及管理、邮轮码头管理、邮轮融资和保险等。亚洲邮轮学院的成立，将为邮轮领域专业人才的培养与输送起到重要作用。

2. 上海国际邮轮经济研究中心

上海国际邮轮经济研究中心由上海市旅游局、上海市虹口区人民政府、上海市宝山区人民政府和上海工程技术大学联手创办，旨在搭建一个政府、企业、高校和科研机构四方配合的开放式研究平台，研究中国与世界邮轮产业的发展趋势以及上海邮轮经济的发展特质，为政府决策提供参考。邮轮经济发展产生的新生产业链及邮轮安全、环境保护、旅游资源、相关法规政策等业界热点问题，都是研究中心的科研重心。同时揭牌的还有上海国际邮轮经济人才培养基地。

3. 上海市人民政府决策咨询研究邮轮经济专项课题

自 2013 年开始，上海市人民政府发展研究中心每年发布上海市人民政府决策咨询研究邮轮经济专项课题，并面向全国的高校、研究机构和企业单位公开招标。研究成果通常收录在《邮轮绿皮书：中国邮轮产业发展报告》中，部分成果以学术贡献奖的形式在上海旅游节和上海邮轮旅游节进行表彰和宣传。比如，2018 年度上海市人民政府决策咨询研究邮轮经济专项招标课题如下：

长三角一体化背景下邮轮旅游目的地开发与国际营销策略研究

上海邮轮建造产业配套建设战略路径研究

国内外邮轮分销模式对比及中国路径研究

全球邮轮航线分布特征及对中国邮轮市场的启示研究

我国邮轮市场低价治理路径研究

我国母港邮轮评级和价格体系研究

我国邮轮旅游消费者权益保障研究

我国邮轮票务销售模式创新研究

我国邮轮文化培育及传播策略研究

依托吴淞口国际邮轮港，打造上海邮轮商务集聚区的路径研究

我国邮轮运营安全保障立法的可行性研究

（六）制定邮轮旅游发展政策

近年来，上海邮轮旅游快速发展，邮轮港口设施和服务不断完善，邮轮产业链不断拓展，邮轮相关产业发展初显成效，上海港正在向国际一流邮轮港发展。上海邮轮经济的不断升级，邮轮城市能级和核心竞争力的不断提升，离不开各级政府部门的大力支持，其中制定邮轮产业相关政策是重要内容。

2009 年 3 月，国务院发布《关于推进上海加快发展现代服务业和先进制造业建设国际金融中心和国际航运中心的意见》。邮轮产业作为一种新经济产业，将为上海建设国际航运中心和世界著名旅游城市提供强大的动力支撑，逐渐成为推进长三角区域旅游一体化的重要着力点，成为推动区域经济创新转型的重要推动力。2012 年 9 月，国家旅游局批准在上海设立中国第一个“中国邮轮旅游发展实验区”，开展我国邮轮旅游业创新发展的先行先试。2014 年 9 月，上海市被列入交通运输部首批“邮轮运输制度创新试点示范”城市。2015 年 5 月，宝山区在全市率先出台了《关于复制推广自贸试验区改革试点经验，积极推动探索“区港联动”制度创新的行动方案》来加强政策创新、制度创新，推进“区港联动”，探索实施邮轮通关便利化、邮轮金融服务与产品创新等，加快提升邮轮经济发展能级。

从上海邮轮政策发展来看，上海充分利用自贸区及邮轮旅游发展实验区

优势，在规范和指导邮轮旅游发展还有签证便利方面实现了政策突破（见表7－1）。

表7－1 近年来上海发布的邮轮政策

编号	邮轮政策	发布部门	时间
1	《上海市邮轮产业“十二五”发展规划》	上海市人民政府	2010年10月
2	《上海“十二五”邮轮经济发展规划》	上海市人民政府	2011年6月
3	《关于本市加快中国邮轮旅游发展实验区建设的若干意见》	上海市人民政府	2014年1月
4	《关于推进上海中国邮轮旅游发展实验区与中国（上海）自由贸易试验区联动发展的实施意见》	上海市旅游局、上海市发展改革委员会、上海市交通委员会、上海市金融服务办公室、上海市口岸服务办公室、上海海关、上海海事局、上海出入境检验检疫局、上海出入境边防检查总站、中国人民银行上海总部	2015年7月
5	《上海市邮轮旅游经营规范》	上海市旅游局、上海市交通委	2016年3月
6	《关于促进本市邮轮经济深化发展的若干意见》	上海市人民政府	2018年10月

2015年8月25日，上海市工商行政管理局、上海市旅游局联合发布《上海市邮轮旅游合同示范文本》（2015版），这是全国第一份规范邮轮旅游经营活动的示范文本。2016年6月，原上海市旅游局、上海市交通委联合发布《上海市邮轮旅游经营规范》，是国内第一个邮轮旅游经营规范性文件，也是我国邮轮旅游行业第一个政府规范性文件。

2016年1月30日起，江浙沪144小时过境免签政策开始实施。51个国家的旅客凭本人有效国际旅行证件和144小时内确定日期及座位前往第三国（地区）的联程客票，可选择从上海浦东国际机场、虹桥国际机场、上海港国际客运中心、吴淞口国际邮轮港、上海铁路口岸或者南京禄口国际机场、浙江杭州萧山国际机场任一口岸入境或出境，免办签证，并可在上海市、江苏省、浙江省行政区域内免签停留 144 小时，实现了长三角相关口岸过境免签政策联动。自 2016 年 10 月 1 日起，上海实行外国旅游团乘坐邮轮入境 15 天免签政策。外国旅游团（2 人及以上）可由我境内合法注册的旅行社组织、接待并负责安排从上海邮轮口岸免办签证整团入境，停留时间不超过 15 天。

2018 年 10 月 8 日，上海正式印发《关于促进本市邮轮经济深化发展的若干意见》，布局全产业链。该《意见》指出：上海要建设国际一流邮轮港口，统筹邮轮港口功能布局，将邮轮港纳入全市综合交通规划体系，建设国际邮轮客运交通枢纽，完善港区及周边交通基础设施；推动发展“飞机+邮轮”“高铁+邮轮”“邮轮+内河游轮”，积极发展空海、海陆、江海联运旅游产品；培育支持本土邮轮企业发展，支持国产大型邮轮制造，发展邮轮修造配套产业；支持邮轮口岸设立出境和入境免税店，研究在邮轮港周边布局免税店或离境退税店。

“黄浦最上海”的营销秘籍[1]

2016年2月，上海市黄浦区被列入创建“国家全域旅游示范区”第一批名单。三年多来，在区委、区政府的大力支持下，经过各相关部门的共同努力，黄浦区全域旅游示范区的创建工作取得了显著成效。根据《文化和旅游部办公厅关于开展首批国家全域旅游示范区验收认定工作的通知》（办资源发〔2019〕30号），上海市黄浦区人民政府于2019年4月4日向上海市文化和旅游局提出申请，对黄浦区开展国家全域旅游示范区创建工作进行验收认定（黄府函〔2019〕14号）。黄浦区全域旅游示范区创建工作在管理体制、产业融合、品牌塑造、公共服务等方面进行了诸多实践，旨在将黄浦区打造成都市中心城区全域旅游发展的标杆。

其中，围绕“黄浦最上海”旅游目的地品牌的打造，黄浦区深度挖掘了区域内商旅文全域旅游资源，突破性整合了传统媒体、新媒体、创新网络平台资源，成立了“黄浦最上海”官方微信号、喜马拉雅“黄浦最上海”官方有声电台、“黄浦最上海”目的地品牌馆、《黄浦最上海·旅游消费导刊》等独具黄浦特色的营销推广平台，逐步形成了兼具各媒体特色的全媒体融合传播方式，开展了“欢购乐游黄浦行”活动营销、“寻味历史建筑”公众事件营销、“浦江两岸黄金旅游圈”联合推广等一系列营销举措，让“黄浦最上海”这一旅游目的地品牌形象越来越深入人心。基于“黄浦最上海”品牌塑造，黄浦区在营销保障、品牌打造、品牌推广、营销机制、营销方式等方面进行了诸多创新性实践。“黄浦最上海”的成功营销不仅有助于实现将黄浦区打造成宜商、宜居、宜业、宜游精品城区的目标，也为把上海建设成为具有全球影响力的世界著名旅游城市贡献了黄浦区的智慧和实践，更为旅游目的地的整体营销探索了一些值得总结与借鉴的宝贵经验。

---

[1] 特别感谢上海市黄浦区文化和旅游局的大力支持和帮助。

一、上海黄浦区旅游品牌打造的基础

黄浦区是上海的旅游大区，是8个中心城区中唯一将休闲旅游业列入区域经济主导产业的城区。黄浦区休闲旅游业与区域其他主导产业如金融服务业、商贸流通业、文化创意产业等密不可分，尽管休闲旅游业对经济的直接贡献相对不高，但其带来的间接贡献和社会影响力不容小觑。

（一）政策基础

产业政策：经由区全域旅游示范区创建计划，相关产业政策主管部门达成共识，区政府相关产业政策向旅游重点项目和创新企业倾斜，形成“+旅游”产业政策融合创新。

多规融合：黄浦区商旅文产业联动由来已久，各项产业规划早就实现融合，空间规划中，无论是总体空间规划还是单独区域空间规划，都将旅游功能融入其中，并逐步形成了大都市中心城区“+旅游”多规融合的特色。

（二）公共服务基础

依托城区精细化管理服务和智慧城区建设，黄浦区旅游公共服务以旅游咨询、“厕所革命”、旅游交通、智慧旅游等作为切入点，引领上海旅游公共服务的发展和供给。

旅游咨询：黄浦区通过整合商业、地产、文化、创意等社会资源，形成黄浦区三级旅游咨询服务网络，并逐步打造基础服务、拓展服务和特色服务“三位一体”的咨询服务功能体系，努力将黄浦区旅游咨询中心打造成为

“全域旅游”的创新平台、“都市旅游”的互动空间和“上海服务”的体验渠道。

“厕所革命”：根据各级部门要求，黄浦区全面开展“厕所革命”，逐步完善包括市政公厕、景点厕所、社会厕所在内的厕所服务网络，不仅方便游客如厕，更不断提升厕所服务的科技感和舒适度，同时尝试将厕所服务和旅游咨询服务融合发展，如已落地建成的“有颜值、有内涵”的武胜路 10 号厕所。

旅游交通：依托上海完善的交通网络，黄浦区积极调动各种社会力量积极参与旅游交通配套设计和服务建设，逐步完善集地铁、共享单车、共享汽车、观光巴士、旅游集散场站于一体的旅游交通服务体系，为游客提供便捷、高效的交通服务。

智慧旅游：黄浦区依托“智慧黄浦”便捷高速的智慧设施，搭建黄浦区大数据中心，整合各方资源和数据为旅游提供预警和监测，保障游客安全，满足游客在手机端查询旅游资源的习惯和休闲体验的旅游需求，建设完善“指尖上的旅游咨询”“黄浦最上海”官方微信号内容和旅游资源信息获取渠道，为游客提供在黄浦区深度游览的旅游咨询、攻略、预约、购票等服务，让游客可以在黄浦区尽享智慧旅游服务。

（三）供给体系基础

黄浦区是上海都市旅游的核心承载区，汇集蜚声国内外的外滩、豫园、田子坊等城市名片，众多知名品牌全球或国内唯一概念店、旗舰店，诸多特色小店和国内外特色美食，以及中国密度最高的演艺大世界——人民广场剧场群，还有一批极具国际影响力的品牌节事活动，旅游资源丰富多彩。

产业联动：黄浦区商务委、黄浦区旅游局、黄浦区文化局紧密配合，搭建了商、旅、文企业联盟，积极调动企业主动性和积极性，促进产业间的资源整合和跨界融合，推动豫园股份、江都城酒店等区域内重点旅游企业经营模式创新，推动世茂广场、K11、豫园商城、“100 里”等商企融合业态创新，取得实效。

产品供给：黄浦区首创“城市微旅行”项目，迎接散客化时代的到来。截至目前，黄浦区已开发“徒步游黄浦”“骑行游黄浦”“地铁游黄浦”“观光巴士游黄浦”“主题游黄浦”等 30 多条城市微旅行产品线，累计组织了 70 多次城市微旅行活动，约 2 万人次参与，积累了较高的市场认知度。

（四）安全与秩序基础

标准化助力：黄浦区是上海市质监局批准的区级标准试点城区，是全域旅游示范区创建领导小组成员单位，区市场监管局、区旅游局、区市政委办等单位相互合作，先后制定了《“一带一路一环”示范区域道路保洁服务标准》《旅馆业管理规范》《小餐饮店管理规范》《公共厕所保洁质量和服务要求》等区级标准，为全域旅游的创建和城区精细化管理提供支撑和引导作用。

旅游市场监管：黄浦区建立了黄浦区旅游市场综合监管联席会议制度，除了日常的旅游执法由区文化执法大队承担外，联席会议针对风景区的“吊模宰客”“无证导游”“无证车辆”“乱发小广告”等旅游顽症，制定了精细化执法实施意见，加强联合执法力度，维护旅游秩序。

确保旅游安全：每个景点都建立了风景区应急管理单元，制定各风景区应急管理单元突发事件应急预案，统筹网格化中心、区公安分局、区城管执法局等处置力量，强化应急联动机制，明确各成员单位应急救援职责分工，快速妥善处理各类突发事件，尤其是在重大活动、重要节点、重点区域等大客流情况下保障游客安全。

旅游志愿服务：黄浦区强化文明旅游宣传，建立社区旅游志愿者、景区旅游志愿者、旅游咨询中心志愿者、走进外滩建筑志愿者等多层次、多功能的志愿者队伍，经常性开展形式多样、内涵丰富的志愿服务主题实践活动。

（五）资源与环境基础

精细化管理：黄浦区为上海中心城区，建设发展相对成熟，城区管理水平相对较高，但区域内区情多元，景区集中，流动人口多，在全域旅游推进过程中，依托城区精细化管理工作，旅游休闲也被纳入精细化管理范畴，各部门单位联动开展“美丽景区”“美丽街区”“美丽家园”创建，统筹推进各类治理项目，促进区域生态环境改善，功能与形态更加协调融合，为游客和市民创造了高品质的旅游与生活空间。

优化社会环境：黄浦区积极开展形式多样的“旅游进社区”活动，加强黄浦市民的旅游参与意识，通过不同主题的活动让市民更加了解黄浦区，了解旅游，增强市民对黄浦区的认同感和责任感，营造良好的社会环境。

二、“黄浦最上海”的营销秘籍

（一）“黄浦最上海”的营销保障

1. 体制保障

2016年以来，黄浦区围绕创建“国家全域旅游示范区”的总体要求，成立了党政统筹下的全域旅游示范区创建领导小组及办公室。区长担任组长，分管产业和分管城建的副区长担任副组长，有33个成员单位共同合力推动全域旅游建设，形成了“旅游+”和“+旅游”的工作融合发展格局，并结合实际形成了黄浦区的体制机制创新。

区政府层面：针对全域旅游发展格局下的景城一体现状和开放式景区管理问题，黄浦区专门成立了6个风景区管理办公室，分别采用以外滩、人民广场、南京路为代表的区政府授权直属管理模式和以田子坊、新天地、豫园为代表的街道属地化管理模式。各风景办依法管理，统一协调使用行政与执法资源，加强应急管理，确保大客流情况下游客的安全，将旅游行业管理和服务从条线扩大到块状，“条块结合”覆盖各大景区。

部门层面：外滩街道主动创新求变，成立了区域化党建联席会议，通过滨江议事厅，就相关议题和项目进行具体推进和落实，联合区旅游局、区外滩办及外滩沿线各种类型企业和机构共同合作推出“走进外滩建筑”项目，受到市民游客的热烈欢迎和好评。

2. 资金保障

原黄浦区旅游局 2016 年、2017 年、2018 年的营销和活动预算均超过 800 万元，为“黄浦最上海”整体营销提供了良好的资金保障。

3. 制度保障

《黄浦区推进品牌创新发展实施意见》（黄商务委〔2017〕11 号）于 2017 年 3 月 27 日经黄浦区第五次区政府常务会议审议通过。该意见旨在深入推进供给侧结构性改革，全面贯彻落实国务院 2016 年第 40、44 号文件精神以及上海市第 38 号文件精神，主动对接上海“设计之都、时尚之都、品牌之都”建设，落实《黄浦区推进品牌发展战略三年行动计划（2017—2019）》。该意见适用范围包括以下两类：一是税务登记在黄浦区，获得品牌相关荣誉或参与品牌经济建设的独立法人单位，且信用良好，财务管理制度健全；二是拥有自主注册商标的权益，或具有商标独占许可权益，在相关公众中具有较高知名度和良好的市场信誉，财务状况良好的品牌企业。

该《意见》坚持“公开、公平、公正”的原则，实行企业自愿申请、社会公示、政府审核、动态评估等制度，采用事后申请的方式，即企业获得荣誉称号或完成项目并成功运营后，经黄浦区品牌创新发展工作推进小组初审、专家评审，以一次性补贴、项目补贴、政府购买服务等方式安排支持。具体支持政策包括：对自主品牌企业参加国（境）内外重大专业会展，按照参展费用给予一定的补贴；对自主品牌企业在国外成功注册商标，按照注册成本给予一定比例的补贴；对新获得政府部门认定的国家级、市级品牌荣誉的自主品牌企业，按照国家级、市级的级别不同给予一次性奖励；对新创建国家3A级标准（含）以上的旅游品牌企业，按照分级标准的不同给予一次性奖励；对成功挂牌“全国知名品牌示范区”“上海市知名品牌示范区”荣誉称号的产业园区、旅游区，按照国家级、市级的级别不同给予一次性奖励；对新创国家3A级标准（含）以上的旅游区，按照分级标准给予一次性奖励；对在本区设立品牌连锁总部的知名品牌企业，积极开拓全市和全国市场，增设营业网点、建立电商平台等新的销售渠道，按照装修（建设）成本给予一定比例的补贴；对于企业、中介机构和社会组织举办各类大型品牌会议、展会，开展品牌价值评估与交易、战略咨询、人才培训、知识产权保护、商标专利维权等具有显著经济效益或社会效益的公共服务，给予一定比例的补贴。市级政府要求支持的重点项目，支持比例和金额可不受上述标准限制。

该意见以奖励制度推动旅游品牌营销工作，以提高旅游市场对旅游目的地的认知程度。比如，2017年—2018年，黄浦区已对符合要求的3家品牌进行了总计70万元的政策扶持。2018年，上海新天地旅业集团有限公司获得第二届黄浦区区长质量奖组织入围奖，获一次性奖励80万元。

（二）“黄浦最上海”的品牌打造

黄浦区努力打造“黄浦最上海”的旅游目的地品牌。在“黄浦最上海”品牌框架下，充分发挥新媒体平台的优势，开设了美团点评“黄浦最上海”目的地品牌馆、喜马拉雅“黄浦最上海”有声电台、“黄浦最上海”官方微信号。

1. 美团点评“黄浦最上海”目的地品牌馆

“黄浦最上海”目的地品牌馆设有“最上海”滨江、美食、必游、酒店、文化、必买、深度游等6个板块。品牌馆在美团和大众点评APP上评分均为

5 分。“黄浦最上海”目的地品牌馆被评选为“2017 年美团旅行优选最佳营销合作品牌”。

2. 喜马拉雅“黄浦最上海”有声电台

“黄浦最上海”有声电台共设有 17 个专辑，357 条声音，听众达 489.2 万人次，2018 年被喜马拉雅评为“最受欢迎政务电台”。

3. “黄浦最上海”官方微信号

“黄浦最上海”官微是游客体验黄浦的一站式入口，兼具“走进外滩建筑”平台预约功能，是黄浦商、旅、文企业中的口碑大号，目前粉丝数近 4 万人。

（三）“黄浦最上海”的品牌推广

在人民日报、中国日报、中国旅游报等国家级媒体和东方网、旅游时报、文汇报、新民晚报、凤凰网湖南综合新媒体等省级媒体上对“黄浦最上海”进行了品牌推广，部分媒体的推广情况见表 8－1。

表 8－1　“黄浦最上海”品牌的部分媒体推广

序号	媒体名称	时　间	新　闻　标　题
1	中国旅游报	2017 年 10 月 10 日	黄浦区全域旅游专版 1
2	中国旅游报	2017 年 11 月 14 日	黄浦区全域旅游专版 2
3	中国旅游报	2017 年 12 月 19 日	黄浦区全域旅游专版 3
4	中国旅游报	2018 年 1 月 30 日	黄浦区全域旅游专版 4
5	人民日报	2016 年 2 月 24 日	欢乐祥和闹元宵
6	人民日报	2017 年 1 月 29 日	万家欢乐 共筑美好
7	人民日报	2018 年 2 月 2 日	豫园灯会亮起来
8	中国日报	2018 年 2 月 16 日—19 日	Annual lighting spectacle kicks off
9	东方网	2018 年 9 月 16 日	2018 年上海旅游节开幕
10	东方网	2018 年 9 月 25 日	2018 玫瑰婚典开启外滩时尚婚礼新模式

续 表

序号	媒体名称	时 间	新 闻 标 题
11	旅游时报	2016 年 9 月 6 日	上海旅游节购物节将至　黄浦舞动黄金秋日
12	旅游时报	2017 年 9 月 26 日	5 位大咖用 12 小时游走黄浦　带你重新发现“黄浦最上海”
13	旅游时报	2017 年 12 月 5 日	天时地利人和上海黄浦，勇做吃螃蟹先行者
14	旅游时报	2018 年 9 月 18 日	13 项精彩活动抢先看　2018 年上海旅游节黄浦系列活动大幕
15	文汇报	2016 年 9 月 11 日	旅游节火热开幕上演精彩大巡演
16	文汇报	2017 年 9 月 4 日	花车巡游惊现上海旅游节
17	文汇报	2018 年 9 月 27 日	2018 年上海旅游节在黄浦社区
18	新民晚报	2016 年	神奇丝绸路，美丽中国梦
19	新民晚报	2017 年	雨中共赏　花车巡游
20	新民晚报	2018 年	25 辆花车大巡游拉开欢乐序幕
21	凤凰网湖南综合新媒体平台	2017 年 11 月 7 日	“寻味浦江 · 2017 年浦江两岸黄金旅游圈”推介会走进长沙

资料来源：上海市黄浦区人民政府。

（四）“黄浦最上海”的营销机制

1. 主题联动机制

政府、行业、媒体、公众等多主体共同参与的营销联动机制。

(1) 成立“黄浦区商旅文联盟”

2016 年，黄浦区旅游局、黄浦区文化局、商务委联合发起搭建了“商旅文企业联盟”（以下简称“联盟”）平台。截至 2019 年 3 月 8 日，“联盟”共有商、旅、文企业 104 家，各类代表 160 人，包括 30 家酒店宾馆、14 家旅行社、6 家 A 级景点、10 家文化院所、36 家文旅企业、8 个合作平台以及相关部门。

“联盟”为区内企业提供了信息沟通、整合资源和跨界合作的平台。经过近三年的实践运作，黄浦区深度游产品供给显著增加，酒店出租率明显提升，并成功吸引了关联企业的落地，比如，打造了“外滩星空馆”淮商十六铺项目新网红，促成了花园饭店与蜘蛛出行（旅游交通企业）合作，促成了威斯汀和老凤祥战略合作，吸引了浦江游览有限公司落地黄浦区。

（2）建立“浦江两岸黄金旅游圈”推广机制

由原黄浦区旅游局与原浦东新区旅游局共同建设的品牌项目“浦江两岸黄金旅游圈”，带领黄浦区和浦东新区的重点旅游企业，深入上海目标客源地市场，并举办了形式多样的文旅交流活动。

（3）发布“黄浦最上海”官方微信公众号

“黄浦最上海”官方微信公众号是原黄浦区旅游局集旅游宣传、信息发布、公益服务为一体的综合性官方微信旅游服务平台，是市民游客体验黄浦魅力的一站式入口。公众号推送的内容涵盖美食、酒店、演出、自由行、纪念品、一日游、活动、购物、景点等。“黄浦最上海”官方微信公众号可带游客去看十里洋场的灯红酒绿，提供游客最地道的上海美食攻略、游玩攻略与最新优惠资讯，盘点黄浦最有情调的好去处，并联动区内知名酒店、老字号等，不定期推出粉丝互动活动。

2. 部门联动机制

2017 年 11 月 23 日，黄浦区成立了黄浦区推进创建国家全域旅游示范区产业融合发展工作联席会议制度，加强协调和督查统筹创建全域旅游示范区工作，形成了各方联动参与创建工作的长效机制。联席会议主要职责包括：监督和推进相关全域旅游规划实施落地；统筹推动黄浦区全域旅游示范区创建商旅文联动、公共服务提升及品牌营销等工作。

2016 年至 2018 年三年来，围绕“上海旅游节”“上海购物节”“上海艺术节”等重大节庆，原黄浦区旅游局、原黄浦区文化局、商务委、体育局等相关部门紧密配合，举行“欢购乐游黄浦行”主题营销，重点整合“三节”信息以及“浦江游览、阅读建筑”等黄浦项目内容，向全国主流媒体进行定向推介宣传。《解放日报》（上海观察）、《文汇报》（文汇网）、《新民晚报》（邻声）、上海电视台（看看新闻网）、上海广播电台（话匣子）、《新闻晨报》（周到）、《上海日报》、澎湃新闻、东方网、《青年报》《劳动报》ICS外语频道、新浪、腾讯、网易等媒体都对“欢购乐游黄浦行”活动内容进行过宣传报道。

（五）“黄浦最上海”的营销方式

黄浦区有效运用网络营销、节庆营销、公众营销等多种方式进行品牌营销。

1. 网络营销

网络营销建立了包括全纪实旅游频道“黄浦最上海”专题、《旅游时报》“黄浦最上海”专版、《TIMEOUT 杂志》“黄浦最上海”旅游消费导刊、美团点评“黄浦最上海”目的地品牌馆、喜马拉雅“黄浦最上海”有声电台、“黄浦最上海”官方微信等在内的网络媒体营销矩阵。

（1）“黄浦最上海”目的地品牌馆

“黄浦最上海”目的地品牌馆设有“最上海”滨江、美食、必游、酒店、文化、必买、深度游等 6 个板块，是上海首个登录美团 APP 的官方平台。这里不仅有外滩、豫园、田子坊、新天地、南京路等著名地标，更集结了里弄巷尾吃住行游购娱全方位的“玩乐”要素。以美团 APP 的大数据为支撑，“黄浦最上海”的必游、必住、必食、必买等信息得以全方位呈现，还提供城市微旅行、深度游产品、优惠套餐等服务，让游客的上海行程动动手指就会与众不同。据美团数据显示，通过品牌馆的品牌效应和全域资源整合营销，黄浦文旅交易额明显高于自然增长。2017 年合作期间整体交易额对比 2016 年同期增加 106%，产品销量增加 125%；品牌馆在美团和大众点评 APP

上评分均为5分。"黄浦最上海"被评选为"2017年美团旅行优选最佳营销合作品牌"。

(2)"黄浦最上海"有声电台

共设有17个专辑，357条声音。"邀你带上耳朵，和一百万人一起聆听黄浦，把黄浦的格调和魅力装进你的耳朵。只需在应用商店下载'喜马拉雅FM'APP，订阅'黄浦最上海'，自助音频导览将带你了解多元的黄浦，更多黄浦旅游资讯持续更新中。"三年累计收听人数489.2万人次。2018年，"黄浦最上海"有声电台被喜马拉雅评为"最受欢迎政务电台"。

(3)"黄浦最上海"官方微信公众号

"黄浦最上海"官方微信公众号是原黄浦区旅游局集旅游宣传、信息发布、公益服务为一体的综合性旅游信息服务平台。此官方微信公众号是游客体验黄浦的一站式入口，是黄浦商旅文企业中的口碑大号，兼具"走进外滩建筑"平台的预约功能，目前粉丝数近4万。

2. 节庆营销

黄浦区主承办的"四大节庆"品牌，已经成为上海的城市名片，包括上海旅游节开幕大巡游、玫瑰婚典、上海新年倒计时及上海豫园新春民俗灯会。其中，上海旅游节开幕大巡游，每年吸引来自全国各地和全球的花车方队竞争参演，年均40万市民游客现场参与，东方卫视等主流频道实况转（录）播；玫瑰婚典先后在江、浙、鲁、冀、黑、吉、粤、赣、闽、沪等省市和马来西亚、新西兰、法国、瑞士、德国、奥地利、韩国、俄罗斯、爱尔兰等十几个国家和地区举办，曾被国家旅游局作为旅游与社会协调发展的一个成功案例在APEC会议上做专题介绍，2015年受邀参加意大利米兰世博会；上海新年倒计时活动和豫园新春民俗灯会已经成为代表上海文化，展现海派精神的品牌。2016年上海旅游节黄浦系列活动见表8-2。

表 8－2　2016 年上海旅游节黄浦系列活动一览表

活动名称	时间	地点	主办单位
2016 年上海旅游节开幕式暨开幕大巡游	9 月 10 日 19: 30—21: 30	淮海中路（西藏南路—陕西南路）	上海旅游节组委会
豫园商城非遗项目暨经典品牌文化展	9 月 7 日—10 月 9 日	豫园商城	上海豫园旅游商城股份有限公司
豫园集团“大富贵”杯九子大赛暨上海市第二届社区游戏节	9 月 11 日	九子公园	上海市旅游局、上海市体育局、上海市黄浦区人民政府
南京路欢乐游	9 月 11 日—14 日	南京路步行街	上海旅游节组委会办公室、黄浦区旅游局
花车巡游	9 月 12 日	南京路	
精彩旅游——欢乐社区	9 月 11 日—12 日	打浦桥社区活动中心、市八中学	上海市旅游节组委会办公室、黄浦区旅游局、打浦桥街道、半淞园街道
欢购乐游黄浦行	9 月 10 日—10 月 6 日	全区范围	黄浦区旅游局、黄浦区商务委
2016 黄浦微旅行启动仪式	9 月 17 日	古城公园	黄浦区旅游局
玫瑰婚典	9 月 21 日	外滩·十六铺游船码头观景平台	上海市旅游局、黄浦区人民政府
上海法国周	10 月 10 日—16 日	雁荡路步行街	上海极山商务有限公司
“蒂姆·伯顿的异想世界”中国大展	6 月 26 日—10 月 10 日	复兴中路 323 号设季荟·拉法耶艺术设计中心	上海角度文化传播有限公司
M BAGISM 包·当代展	7 月 15 日—10 月 9 日	K11 购物艺术中心 B3	CHI K11 美术馆

资料来源：上海市黄浦区人民政府。

（1）节庆营销案例 1：上海旅游节之黄浦篇

上海旅游节创办于 1990 年，原名“上海黄浦旅游节”，到 2019 将举办第 30 届。第一届上海黄浦旅游节于 1990 年 10 月 6 日下午在南京西路仙乐斯广场开幕。1996 年，第七届上海黄浦旅游节升级更名为上海旅游节。

在每年上海旅游节期间，黄浦区都将举办十多项商旅文活动。经过多年的发展，有些活动已经成为上海旅游节的经典活动，成为节庆品牌，诸如开幕大巡游、玫瑰婚典、豫园中国日、九子大赛、南京路欢乐游以及上海法国周等。近年来，为提升都市旅游体验感，满足市民游客的多元需求，黄浦区也在重点开发城市微旅行阅读建筑，天地音乐节等新的品牌活动，并鼓励企业开展各类艺术文化跨界时尚活动。

上海旅游节开幕大巡游是上海旅游节的第一项活动，也是黄浦系列活动中持续时间最长、影响范围最广的节庆盛典，是历年上海旅游节中的经典活动，受到了广大上海市民游客的热烈欢迎。自 2002 年开始至今，上海旅游节开幕大巡游固定在淮海中路（西藏中路—陕西南路）举行，主会场设在大上海时代广场。每年的开幕大巡游都会通过上海电视台进行同步直播和录播，并维持了较高的收视率。

开幕大巡游组织工作实行市、区联动制度，由上海市文化和旅游局、黄浦区政府和电视台三家承办，各司其职。上海市文化和旅游局负责内容的组织、表演方队的境内接待、彩车的制作与安全以及与市相关部门协调。电视台负责彩排、开幕式和闭幕式节目、主持人以及转播等工作。黄浦区负责后勤保障（场地、物资、搭建）及安保。

(2) 节庆营销案例 2：2016 上海旅游节黄浦系列活动

2016 上海旅游节黄浦系列活动于 2016 年 9 月 10 日至 10 月 16 日举办。黄浦区坚持商旅文资源的联动共享，11 项主题活动凸显“经典与时尚交融、观赏性与参与性兼具”的黄浦特色，成就了一场“人民大众的节日”盛宴。

看点一：传统项目的坚守与变革

2016 上海旅游节开幕大巡游于 9 月 10 日晚在淮海中路精彩呈现，拉开了 2016 年上海旅游节帷幕，活动主场地仍设在大上海时代广场，同时还进行

108 分钟的电视现场直播。开幕大巡游以“海上丝路”为主题，24 个国外表演团体来自 20 个国家和地区，涵盖了欧洲、南美洲、北美洲、大洋洲、非洲和亚洲，其中，哥斯达黎加、阿根廷、爱沙尼亚、塞尔维亚、圣马力诺、尼日利亚等国家的方队是首次来沪参演；国内表演团队有 10 支。花车方面，共有 25 辆花车参加巡游，其中，兄弟省市选送的花车极具特色，河南省、山西省、内蒙古自治区、天津市、湖北省、新疆克拉玛依、安徽省文旅集团等省、市、自治区和单位都是首次前来参展。2016 年正值“中美旅游年”，上海迪士尼度假区的花车作为第一辆花车亮相上海旅游节开幕大巡游。

南京路欢乐游于 9 月 11 日至 14 日在南京路步行街举办。不同于上海旅游节开幕大巡游当晚的“坐着看”，在南京路欢乐游期间观众可以和巡游队伍欢乐共舞，近距离互动。

豫园商城非遗项目暨经典品牌文化展于 9 月 7 日至 10 月 9 日在豫园商城中心广场举行。豫园商城汇聚了 15 个中华老字号品牌和 13 个非遗项目，为非遗项目文化展提供了支撑和人气。

看点二：经典品牌的创新与开拓

作为上海对口援助地区，2016 玫瑰婚典带着上海的情谊和甜蜜走进新疆克拉玛依。新人们于 2016 年 9 月 21 日在外滩十六铺亲水平台举办“爱在上海浦江·情定克拉玛依”证婚仪式，之后飞赴克拉玛依展开蜜月之旅。继“海誓山盟”系列后，2016 玫瑰婚典作为上海城市名片，化身民间友谊大使沿着“丝路”前行，成为上海旅游营销、文化交流、商贸往来的友好桥梁。

“城市微旅行”2016 年推出新玩法。主题为“骑游里弄间 穿越一座城”的微旅行启动仪式于 9 月 17 日在古城公园举办。经过 3 年打造，黄浦城市微旅行已经为市民游客开发了徒步、地铁、观光巴士等 3 种方式 10 多条线路的玩法，累积 2 万多人次参加 70 多场线下活动。2016 年，黄浦城市微旅行又推出了 4 条“骑游”线路：“沪上文艺小资青年集结地”“建筑控不得不去”

“上海建筑文化与时代变迁的见证者”“世博会博物馆·骑游爱好者的必达之地”，每条线路都看点十足。

看点三：商旅文联动的跨界与惊艳

“欢购乐游黄浦行”2016年进行了全新升级，聚焦目标客群需求，主题精准分类，推出四条黄浦深度游线路产品：“跟着主播去遛娃”“漫步三公里”“跟俞菱逛鱼骨淮海路”“十六铺的前世今生”，将黄浦商旅文资源有机融合到线路之中，直接为市民游客提供线路攻略，只要按图索骥就可深度体验黄浦魅力。

“蒂姆·伯顿的异想世界”中国大展于2016年6月26日在上海拉法耶艺术中心举办。作为蒂姆·伯顿的中国首展，此次展览被媒体评价为“绝不能错过的奇妙体验”，《蝙蝠侠》《大鱼》《剪刀手爱德华》《爱丽丝梦游仙境》每一部都是经典佳作。除去电影导演的身份，蒂姆·伯顿还是艺术家、插画家、摄影师和作家，本次展览陈列超过509件创作，包括绘画手稿、摄影、木偶、雕塑装置和动态影像，让人们从更立体的角度走近这位大师的内心世界。

作为黄浦区建设“国家全域旅游示范区”的系列项目，“精彩旅游·欢乐社区”活动于2016年9月11日至12日在打浦桥社区活动中心和市八中学分别举办。“黄浦最上海”视界·城市微摄影大赛于2016年8月25日拉开帷幕，活动以黄浦区人气最高的深度游线路“漫步三公里”为线索，以摄影大赛为载体，在2个多月中深入淮海、打浦、瑞金社区，举办摄影讲座、线下拍摄、作品评片会、获奖作品巡展等，通过活动吸引市民游客以镜头的方式品味黄浦魅力。

（3）节庆营销案例3：豫园新春民俗艺术灯会

作为国家级非物质文化遗产项目的豫园新春民俗艺术灯会是上海每年春节期间知名度最高、影响力最大的传统民俗文化活动，深受上海市民和游客的喜爱。“过年走九曲”，除去烦恼，送走曲折，带来全年顺利平安、吉祥如意，已成为上海市民过年的传统祈福习惯。活动由上海市旅游局和黄浦区人民政府共同主办（2019 年由上海市文化和旅游局、黄浦区人民政府共同主办），历年灯会在主题充分体现国泰民安、万民齐乐、共创美好生活的新年新春新景象的同时，通过历史典故的讲述，传承积极向上的民俗文化，已连续多年被央视定为上海迎新年现场直播点，是上海市的一张城市文化名片。每年元宵节当日，均由时任分管副市长出席元宵节灯会活动。

（4）节庆营销案例 4：玫瑰婚典

玫瑰婚典由上海市旅游事业管理委员会、原卢湾区人民政府（现黄浦区人民政府）共同创立于 1998 年，系上海旅游节一项大型主题婚礼活动。每年的玫瑰婚典活动，都分为上海主题活动和境外主题婚礼蜜月活动两大部分。上海主题婚礼活动包括花车巡游、名流证婚等独特新颖的形式，成为社会、媒体关注的热点和焦点。境外主题婚礼蜜月则联合主流媒体、境外官方旅游机构、航空公司等优势资源，先后在新西兰、马来西亚、新加坡、德国、法国、奥地利、瑞士、加拿大、俄罗斯、毛里求斯、希腊、印度尼西亚等国家和地区成功举行，在各地都引起了轰动。

玫瑰婚典的社会价值：

玫瑰婚典变革了中国传统婚礼习俗，开创了全新婚礼理念和模式；玫瑰婚典培育、引导和逐步改变了新婚群体以往传统的婚礼消费理念；对市场而言，在此种文化理念引导下，一个每年数百亿元人民币的婚礼服务消费市场和产业链已经形成，并且这一市场正在呈现进行更加细致化分工和向纵深专业发展的趋势。

（5）节庆营销案例 5：新年倒计时

黄浦区自 2000 年开始举办新年倒计时活动，受到了海内外的广泛关注，得到了市民游客的广泛参与，已成为上海的知名品牌活动。

以 2016 年为例，活动由原黄浦区旅游局会同中国新天地于 2016 年 12 月

31 日晚在新天地太平桥人工湖畔举办。东方卫视直播最后倒计时 8 分钟环节。4 900 人参与此次活动，时任市领导赵雯、陈群等出席。

活动具体区域在“济南路—自忠路—黄陂南路—太仓路—顺昌路—湖滨路”范围内，分为舞台区域和观众区域。舞台区域位于太平桥人工湖湖心岛。现场设立观众入口 3 处，应急通道 1 处。为加强对活动的组织领导，黄浦区委、区政府成立了新年倒计时活动领导小组，由两位分管副区长分别负责活动组织与安保工作。

历年新年倒计时活动情况见表 8－3。

表 8－3　历年新年倒计时活动情况

时　间	名　称	地　点	主办单位
2000 年—2002 年	苹果倒计时	淮海路大上海时代广场	原上海市旅游事业管理委员会 原卢湾区人民政府 九龙仓集团
2002 年—2011 年	上海新天地新年倒计时	新天地太平桥人工湖	上海市人民政府外事办公室 原上海市旅游事业管理委员会 原上海文化广播影视管理局 原卢湾区人民政府
2011 年—2014 年	上海新年倒计时	外滩	原上海市旅游局 黄浦区人民政府 上海广播电视台
2015 年—2018 年	上海新年倒计时	新天地太平桥人工湖	黄浦区旅游局 中国新天地

资料来源：上海市黄浦区人民政府。

3. 公众营销

黄浦区通过“旅游年度发布”“欢购乐游黄浦行”“浦江两岸黄金旅游圈”推介等平台，整合强势媒体资源，发布黄浦商旅文资源消费热点和亮点，深入客源地市场开展定向推介，三年来，吸引了全国各大媒体对“黄浦最上海”品牌和事件的宣传报道。

（1）公众营销案例1：有声有色·夜上海——2016“浦江两岸黄金旅游圈”推介会举办

10月28日至11月2日，“有声有色·夜上海”——2016“浦江两岸黄金旅游圈”赴陕西省西安、延安两地开展旅游推介活动。

本次推介由两区旅游部门携两区20多家旅游企业共同组办，其中，不仅有上海豫园、上海城市规划展示馆、浦江游览、东方明珠、金茂大厦、上海野生动物园、磁悬浮列车等11家上海旅游名片单位，还有上海外滩旅游综合服务中心、十六铺水岸、滨江森林公园等一批全新的上海旅游地标，同时还组织了新世界集团假日酒店、金辰大酒店、明珠大饭店等6家星级酒店共同参与推介会，为两地旅游企业深度交流合作打开了新的窗口，为星级酒店跨地区学习提升畅通了渠道，为定制开发旅游客源地上海地接产品提供了基础保障。

10月28日，“浦江两岸黄金旅游圈”旅游业内推介专场在西安唐隆大酒店举办。原西安市旅游局领导以及当地70多家旅行社和8家媒体参加推介会。推介会围绕“有声有色·夜上海”这一主题展开，黄浦区和浦东新区旅游部门就区域旅游资源和特色进行了全面推介，重点推出“上海游”产品线路，上海外滩旅游综合服务中心（迪士尼穿梭巴士）、金茂大厦88层观光厅、十六铺水岸等单位和旅行社代表作了主题介绍。会上，原黄浦区旅游局、原浦东新区旅游局与原西安市旅游局互赠纪念品，发出友好邀约，上海浦江两岸旅游推介团与西安旅游业界朋友共话合作，共谋发展。

10月29日，“浦江两岸黄金旅游圈”当地市民推介活动在西安大唐西市举办。黄浦、浦东两区旅游部门及20多家旅游企业，携两区宣传品以及为西安游客市场定制的上海旅游产品集体亮相。精彩的海派歌舞、缤纷的两区旅游宣传片带热了现场气氛，推介展位前人流如织，2个小时内近万份旅游宣传品发放一空。

（2）公众营销案例 2：“寻味浦江·2017 年浦江两岸黄金旅游圈”推介会走进合肥、长沙

2017 年 11 月 3 日至 8 日，“寻味浦江·2017 年浦江两岸黄金旅游圈”赴合肥、长沙两地开展旅游推介会，原黄浦区旅游局、原浦东新区旅游局携手辖区内 20 家景点、酒店和旅行社代表参加此次推介活动。

2017 年 11 月 3 日和 7 日，“寻味上海·2017 年浦江两岸黄金旅游圈”旅游推介会分别在合肥元一希尔顿酒店和长沙运达喜来登酒店举办。两市旅游主管部门领导以及当地 70 多家旅行社和 10 多家媒体参加推介会。黄浦区和浦东新区旅游部门就浦江黄金旅游圈资源和特色进行了全面推介，并特别推出了浦江黄金旅游圈微旅行产品，杜莎夫人蜡像馆、十六铺水岸、世博会博物馆、上海中心大厦、盛都国旅、临港新城等单位作了主题介绍。会上，原黄浦区旅游局和原浦东新区旅游局向两市旅游局发出友好邀约，上海浦江旅游推介团与两地旅游业界朋友共话合作，共谋发展。

2017 年年底黄浦江两岸 45 公里滨江岸线已全线贯通，实现了从生产岸线向生活岸线的升级换代，这条全新的天际线以及全力打造中的世界级滨水区，成为上海这座城市一张亮眼的风景名片。本次旅游推介会带来的浦江黄金旅游圈汇集了上海城市景观精华，更是上海城市精神的生动具象体现，同时也为上海与合肥、长沙的旅游企业的深度交流合作打开了新的窗口，为创新旅游产品提供了新的思路。

（3）公众营销案例 3：“寻味浦江·2018 年浦江两岸黄金旅游圈”旅游推介会走进丹东

2018 年 6 月 13 日上午，“寻味浦江·2018 年浦江两岸黄金旅游圈”丹东旅游推介会在丹东瑞福德大酒店举办，原黄浦区旅游局、原浦东新区旅游局携手浦江两岸 30 多家景点、酒店和旅行社代表组团推介。丹东市旅发委会同当地 70 多家旅行社代表参加会议，辽宁省和丹东市 10 多家媒体受邀出席。

推介会上，两区旅游部门首先向丹东旅游业界全面介绍了黄浦、浦东两区旅游资源和特色，随后两区6个代表围绕旅游目的地、产品线路展开了主题推介，并同时发布业内优惠合作项目。本次推介两区主打亲子线路：黄浦区着力推出“滨江亲子游”产品，上海音乐厅、文化广场、浦江游览、十六铺水岸、英迪格酒店协作为大众量身打造的优质亲子游产品非常适合暑期出行；浦东新区则推出微电影《小达人伊伊游浦东》，包括魅力游、都市游、欢乐游三部短片，带领观众畅游浦东。浦江游览以360度的浦江全景为核心体验，带领来宾一览两岸美景；上海海昌海洋公园展现了这座沪上最新的世界级、旗舰式海洋主题公园全景，黑科技、体验式、互动性是最大亮点；东方明珠电视塔给出丰富的游览项目，尽显“浦江明珠”风范；世博会博物馆从科学革命的视角阐述人类文明史，是暑期寓教于乐的首选；上海中心以“上海之巅”的高度展示了浦江两岸的都市风光和长江口的壮丽景色。

作为原黄浦区和原浦东新区旅游局联手打造的品牌项目，近年来，“浦江两岸黄金旅游圈”主动融入“一带一路”和长江经济带建设，以旅游推介为平台，赴兄弟省市开展旅游、经贸交流合作，增强旅游业界深层次互动，拓展上海都市旅游核心区的形象内涵和品质外延，特别是凝聚企业，以产品合作为抓手开展主题推介，为“创新旅游产品、延伸业界合作”探索了新思路，打开了新窗口。

三、“黄浦最上海”的营销绩效

黄浦区是外地游客来上海的必到之地。近年来由于上海迪士尼乐园开园以及黄浦区全域旅游工作的推进和开展，黄浦区的游客数量，无论是年接待数量，还是旅游过夜接待人数，都呈现出稳定增长的态势，年均游客增长数在5%—6%之间。由于游客基数较大，尤其是接待旅游过夜人数的增长，对黄浦区的经济间接贡献较大。

（一）产业运行情况

黄浦区旅游产业运行情况见表 8－4。

表 8－4　黄浦区旅游产业运行情况

年　份	2016 年	2017 年	2018 年
旅游接待人数（万人次）	20 500	21 625	22 935
旅游过夜接待人数（万人次）	1 475.8	1 569.3	1 642.5
旅游收入（万元）	8 918 000	9 385 000	9 862 000
旅游对 GDP 的贡献率（%）	5.8	5.8	5.7
旅游对财政收入的贡献率（%）	6.4	6.1	5.9
旅游对就业的贡献率（%）	17.6	18.5	19.6
旅游重大基础设施和公共服务设施建设资金投入金额（万元）	38 600	50 200	59 900

资料来源：上海市黄浦区人民政府. 国家全域旅游示范区创建单位旅游产业运行情况统计表，2019。

（二）产业融合绩效

1. 产业融合的广度

黄浦区充分发挥产业融合的综合带动效应，推动旅游与文化、水利、工业、体育、商业等业态融合，形成各类旅游产业融合业态。旅游+文化：田子坊、新天地、外滩、外滩源、上海大剧院艺术中心、上海 K11 购物艺术中心；旅游+水利：老码头；旅游+工业：8 号桥工业创意园、江南智造园；旅游+体育：上海世博黄浦体育园；旅游+商业：南京路步行街。

2. 产业融合的成长性

黄浦区积极推动旅游融合业态创新，区域内集聚了不少新的旅游融合业态，取得了较好的市场反应和实效。

以世茂广场为例，随着新零售的快速发展，位于南京路步行街起点的世茂广场，在整体调整装修的过程中，不仅坚持邀请著名建筑师事务所以“城市剧院”的概念进行硬件改建和动线设计，而且在品牌引进上以“最大、最新、唯一”为宗旨，品牌全新形象店、新概念店是首选，同时引入有趣、好玩的商业，如在商场内开设 Hellokitty 主题乐园等，增加体验消费空间，并和原区旅游局联合设立旅游咨询站为游客服务。改造后世茂广场的营业额较改造前提升 100%，坪效增长近 2 倍。2016 年游客流量为 202 万人次；2018 年游客流量为 607 万人次，同比增长 300%[1]。

上海 K11 购物艺术中心秉承品牌“艺术·人文·自然”三大核心元素相融合的核心价值，全力打造最大的互动艺术乐园、最具舞台感的购物体验、最潮的多元文化社区枢纽。365 天的不间断互动活动，融合艺术欣赏、人文体验、自然绿化以及购物消费，构成新的业态。2016 年游客流量为 797 万人次；2017 年游客流量为 916 万人次，同比增长 15%；2018 年游客流量为 1 100 万人次，同比增长 20%。

3. 节事活动营销绩效

（1）2016 年度黄浦区上海旅游节黄浦系列活动项目营销绩效评价[2]

2016 年度上海旅游节黄浦系列活动坚持商旅文资源联动及旅游进社区，以“人民大众的节日”为定位，成功打造了一届“经典与时尚交融、观赏性与参与性兼具”的旅游节活动。2016 年 9 月—10 月（含上海旅游节期间），旅游景点接待游客 3 382 960 人次。

投入目标：2016 年度上海旅游节黄浦系列活动项目经费参照往年标准进行适度调整后安排，确定全年投入 200 万元，全部由区级公共财政预算安排。

产出目标：通过完成设施搭建（含拆除）以及安保服务、后勤保障、宣传推广四大类任务，确保 2016 年度上海旅游节黄浦系列活动的成功举办；任

[1] 2017 年由于停业装修无游客流量数据。
[2] 2016 年度黄浦区上海旅游节黄浦系列活动绩效报告（完整版）（内部资料）。

务完成的质量符合设定的质量要求，经验收合格率达到 100%。

结果目标：上海旅游节黄浦系列活动达到了提高商旅行业收入增长率、游客（人次）增长率、游客知晓率、市民知晓率、游客满意度、有效投诉处置率，以及保持专职人员配备健全性，提高相关行业服务人员满意度的效果。

2016 年度上海旅游节期间，根据黄浦区《统计快报》的统计，社会消费品零售总额（按天数平均计算）增长率为 5.09%，修正后的黄浦区旅游业情况统计表的旅游业营业收入（按天数平均计算）增长率为 13.59%，加权平均的商旅行业收入增长率（同比）为 6.26%。

根据修正后的黄浦区旅游业情况统计表，2016 年度上海旅游节期间区游客接待量为 1 362 452 人次，游客（人次）增长率（同比）为 8.99%。

根据问卷调查的结果，主办单位和承办单位对这一系列活动的满意度为 100%；周边商旅企业员工对这一系列活动的满意度为 73%；（旅游节项目延伸进入的街道：精彩旅游——欢乐进社区活动）居民对这一系列活动的满意度为 91.79%。

（2）上海 2017 新年倒计时活动营销绩效[1]

作为黄浦区四大品牌节庆活动之一的 2017 年迎新年跨越零点活动，由原黄浦区旅游局牵头，其他部门配合实施，体现了经典民俗文化、海派时尚文化交融互动的优势与特性，是加快发展黄浦区商旅文联动，发挥商旅文联动品牌效应的重要举措。本项目预算资金共 300 万元，由区财政预算全额拨款。

根据统计，2017 年迎新年跨越零点活动期间，媒体价值增长率高达 79.04%，线上传播曝光量增长率（同比）为 20.84%。2017 年迎新年跨越零点活动期间，未发生有责投诉。根据问卷调查的结果，2017 年迎新年跨越零点活动周边商家的满意度为 95%。

[1] 2017 新年倒计时绩效报告（完整版）（内部资料）。

4. 旅游购物营销绩效

（1）旅游购物形成品牌

2018 年黄浦区相关企业获得国家特色旅游商品大赛金奖 2 项和银奖 5 项。

金奖：

老凤祥，小凤凰银珐琅壶；

贞格格，珍珠霜。

银奖：

美，上海外滩万国建筑群冰箱贴；

美，中共一大会址旅游纪念品系列；

石库门，海上繁华系列伴手礼；

老凤祥，金属珐琅女款熊猫手镯；

老城隍庙，梨膏露。

（2）旅游购物形成特色

黄浦区积极开发有黄浦特色的旅游系列产品，挑选有地方特色的产品进行深加工和品牌化包装，提升产品溢出价值，使特色商品朝着精致化、品质化方向发展。南京路步行街第一百货 7 楼开设的 100 里海派伴手礼体验店，除了是一家商店外，更像是一个展示老上海文化的经典，充满了上海的人文味道；体验店汇聚了 20 多个极富上海情怀的老字号与创新品牌的系列产品，还有为海派文化复刻的首发礼品，不仅可以为游客提供具有上海特色的伴手礼，还为上海老品牌探索出了一条走向更多消费者的创新发展道路，开业后效果良好。

豫园的“豫园三宝”系列，是豫园商城旗下的精致伴手礼代表品牌。其中，豫园商城特别联手万事利品牌推出的“上海印象”主题丝巾，将欧式构图和上海旗袍经典元素融为一体，华丽的金属构件搭配盘扣纹理风格，展示出东情西韵的海派风情；礼盒中的另两件礼品分别为“上海印象”同款主题丝绸折扇，以及“凤凰单丛”和“于山蜜”小罐茶叶。此外，豫园 · 海上梨园系列，将古色古香、典雅大气的亭台楼阁元素和生、旦、净、丑四种戏剧角色的形象相融合，以此为主题开发了时尚拎袋系列产品，践行低碳环保之余更有绝妙的文化传承印记，受到游客追捧。梨膏糖一直是老城隍庙老字号，在此基础上开发的梨膏系列产品是全国为数不多的不使用任何食品添加剂的传统特色食品，尤其是适于当作伴手礼的“网红”产品梨膏露，传承古方精髓，低糖、无添加，四季可饮。钲艺廊的“海上砖”系列，继承了百多年来的珐琅砖制作工艺，制作过程十分讲究，产品包括多功能茶盘、八音盒、多功能碟以及香牌等具有丰富功能的精致海派文化衍生品，其设计灵感来自上海优秀历史建筑的建筑样式、装饰元素、标志符号、历史典故和名人事迹，兼具美学、纪念、收藏与实用价值。

“守白艺术”推出的“东方国色”系列，是魔都风情与韵味的灵动缩影。其设计的充电宝、杯垫、便携手账本等衍生品，将“收藏在口袋里的唯美主义”充分演绎。尤其是文艺青年们最爱的环保便捷手账本，内含八幅艺术家海派作品，还有四种经典上海话的解读，采用进口道林纸，手感舒适，给人以视觉与触觉的双重享受。

“海上丝韵”品牌与中国工艺美术大师、国家级非物质文化遗产传承人合作。推出的“海上丝韵”丝巾系列，设计富有创意，受到游客喜爱。其中，《里弄情怀》选择了石库门建筑、弄堂里的摇椅、上海滩的马路、大门上的桃符等经典上海元素，以现代的设计构图，展现了上海特有的情韵和生活方式；《昨日·今宵》中间的蓝色背景上，用小花卉构成上海地图形状，再以上海中心、东方明珠、中国馆、大世界、上海城市规划馆等上海地标性建筑画龙点睛，展现了快速发展的上海的昨日与今天；而《上海风韵》的设计则是凸显浦江两岸建筑的风貌对比，展现出上海古典与时尚并有的独特气质。

(3) 旅游购物场所集聚一批精品特色店

黄浦区在游客主要聚集场所，如游客服务中心、车站、景区、旅游街区等开设有经营规范的旅游商品精品店、特色店等，如第一食品南东店、100里海派伴手礼体验店、文昌街、豫园华宝楼等旅游商品精品店、特色店，为游客购买旅游纪念品带来了便利。

图 8－1　第一食品南东店

图 8－2　100 里海派伴手礼体验店（第一百货店）

图 8－3　100 里海派伴手礼体验店内部（第一百货店）

图 8－4　江南织造府外景

图 8－5　江南制造府

图 8－6　华宝楼

图 8－7　华宝楼内部

参考文献

上海旅游节——节庆营销管理之路：

［1］ 东方网. 2018 上海旅游节将于 9 月 15 日开幕，全市 75 家主要景点半价［EB/OL］.（2018 － 08 － 16）. http：//sh. eastday. com/m/20180816/u1ai11730106. html.

［2］ 李平. 上海旅游节绩效与市场影响力研究［D］. 上海：华东师范大学，2013.

［3］ 上海旅游局. 2016 年度上海旅游节经费财政支出绩效跟踪评价报告［R］. 上海：上海市旅游局，2016.

胡歌代言上海，助力都市旅游品牌：

［1］ 闫文君. 名人：传播符号学研究［M］. 成都：四川大学出版社，2018.

［2］ 沈雪瑞，李天元，吕兴洋，昌晶亮. 名人代言会影响旅游者的目的地态度吗？——基于名人—目的地匹配度和个人卷入度的实验研究［J］. 旅游学刊，2015，30（04）：62 – 72.

［3］ 沈雪瑞，李天元，曲颖. 名人代言对旅游目的地品牌资产的影响研究——基于代言人可信度的视角［J］. 经济管理，2016，38（04）：138 – 148.

［4］ 吴秋琴，周庭锐，张蕾. 名人代言效果影响因素的研究述评［J］. 生产力研究，2010，11：248 – 250.

［5］ 上海市统计局. 2017 年上海市国民经济和社会发展统计公报［EB/OL］.（2018 - 03 - 08）. http：//www. stats-sh. gov. cn/html/sjfb/201803/1001690. html.

音乐+旅游——上海旅游营销新创举

［1］ 东方资讯. 用“音乐+旅游”创新形式打动港澳市场——2018 沪鄂琼两省一市联合推介会在香港及澳门成功举办［EB/OL］.（2018 - 04 - 27）. http：//mini. eastday. com/a/180427121513178. html.
［2］ 董皓. 旅游目的地品牌推广口号的语言学构成分析——以省域及重点旅游城市为例［J］. 人文地理，2013，28（02）：148 - 153.
［3］ 搜狐网. 抖音短视频 — 只可为辅不可为主的旅游宣传新渠道［EB/OL］.（2018 - 05 - 16）. https：//www. sohu. com/a/231942448_ 414902.
［4］ 孙小荣. 中国旅游营销新价值时代［M］. 北京：新华出版社，2017.
［5］ 闫文君. 名人：传播符号学研究［M］. 成都：四川大学出版社，2018.
［6］ 中国互联网资讯中心. 携程：2018 年中国旅行口碑榜［EB/OL］.（2019 - 04 - 27）. http：//www. 199it. com/archives/867922. html.

“上海会议大使”——会议旅游营销升级之道：

［1］ 澎湃新闻. 2018 上海国际图书馆论坛：图书馆让社会更智慧更包容［EB/OL］.（2018 - 10 - 19）. https：//baijiahao. baidu. com/s? id = 1614736555266188713&wfr = spider&for = pc.
［2］ 侨报. 纽约市中国游客量持续增长［EB/OL］.（2019 - 01 - 18）. http：//ny. uschinapress. com/spotlight/2019/01 - 18/160664. html.
［3］ 上海旅游会展网. 上海会议大使［EB/OL］（2017 - 01）. http：//chs. meet-in-shanghai. net/events/conventions/meeting-ambassador-progra. php.

[4] 新浪财经. 解密上海会议大使：国内首创［EB/OL］.（2015 - 02 - 09）. https：//finance. sina. com. cn/china/dfjj/20150209/102521507827. shtml.

[5] 新浪上海. 上海打造国际会展之都，2018 年会展总面积 1906 万平方米［EB/OL］.（2019 - 02 - 20）. http：//sh. sina. com. cn/news/m/2019 - 02 - 20/detail-ihqfskcp6696872. shtml.

[6] 新浪网. 解密上海会议大使：国内首创［EB/OL］.（2015 - 02 - 09）. http：//finance. sina. com. cn/china/dfjj/20150209/102521507827. shtml.

上海旅游产品营销——从“大都市”到“长三角”

[1] 凤凰网. 长三角城市群“主题+体验”之旅《非常旅行》阅读分享会（浙江）在甬举行［EB/OL］.（2018 - 12 - 11）. http：//nb. ifeng. com/a/20181211/7090256_ 0. shtml.

[2] 上海市旅游局，江苏省旅游局，浙江省旅游局，等. 非常旅行——长三角城市群“主题+体验”之旅［M］. 上海：东方出版中心，2017.

[3] 搜狐网. 长三角城市群“主题+体验”之旅——《非常旅行》江苏阅读分享会［EB/OL］.（2018 - 10 - 23）. http：//www. sohu. com/a/270825808_ 350001.

[4] 王蔚. 上海开启“长三角世博体验主题之旅”动车游［EB/OL］.（2010 - 04 - 04）. https：//news. qq. com/a/20100404/001207. htm.

上海邮轮旅游发展与营销实践：

[1] Cruise Lines International Association（CLIA）. 2018 CLIA Cruise Industry Outlook［EB/OL］.（2019 - 1 - 05）. http：//www. cruising. org.

[2] Hung K，Wang S，Guillet B Z，Liu Z. An overview of cruise tourism

research through comparison of cruise studies published in English and Chinese [J]. International Journal of Hospitality Management, 2019, 77: 207 - 216.

[3] 李蕾. 上海港口如果实现“岸电”全覆盖，你可知道对魔都大气保护究竟有多大 [EB/OL]. (2018 - 06 - 06). https://www.jfdaily.com/news/detail? id=92124.

[4] Ma M, Fan H, Zhang E. Cruise homeport location selection evaluation based on grey-cloud clustering model [J]. Current Issues in Tourism, 2015, 21 (03): 328 - 354.

[5] Rodrigue J P, Notteboom T. The geography of cruises: Itineraries, not destinations [J]. Applied Geography, 2013, 38: 31 - 42.

[6] 上海港国际客运中心官网: http://www.cruiseshanghai.com/gk/webpages/index.jsp.

[7] 孙晓东，侯雅婷. 邮轮母港游客满意度测评与提升研究——基于上海的实证分析 [J]. 地理科学，2017，37 (05): 756 - 765.

[8] Sun X, Feng X, Gauri D K. The Cruise Industry in China: Efforts, Progress and Challenges [J]. International Journal of Hospitality Management, 2014, 42: 71 - 84.

[7] 汪泓. 邮轮绿皮书：中国邮轮产业发展报告（2018）[M]. 北京：社会科学文献出版社，2018: 23 - 24.

[8] 吴淞口国际邮轮港官网: http://www.wskict.com/index.php.

[9] 中国船检. 绿色邮轮港口发展态势及突围路径 [EB/OL]. (2017 - 08 - 21). http://www.ship.sh/news_ detail.php? nid=26594.